AKAL / A FONDO

Director de la colección
Pascual Serrano

Diseño interior y cubierta: RAG

© Juan Carlos Blanco, 2025

© Ediciones Akal, S. A., 2025
Sector Foresta, 1
28760 Tres Cantos
Madrid - España
Tel.: 918 061 996
atencion.cliente@akal.com
www.akal.com

ISBN: 978-84-460-5684-3
Depósito legal: M-5701-2025

Impreso en España

JUAN CARLOS BLANCO

LA TIRANÍA DE LAS NACIONES PANTALLA

Los cinco pecados capitales de las
plataformas que gobiernan internet

akal

ARGENTINA / ESPAÑA / MÉXICO

PRESENTACIÓN

A lo largo de la historia, el sujeto que controlaba el poder y dominaba al mundo ha ido variando. La aristocracia, la burguesía, el proletariado en algunas revoluciones, las multinacionales... Por supuesto, también ese protagonismo era objeto de controversia y, claro, de legitimidad en función de las ideologías.

Hoy día, quizá no hay discrepancia entre las personas de diferentes ideologías al señalar el poder que se analiza en este libro, el de las pantallas. Un poder que, tras leer este trabajo, explicará el porqué del título: *La tiranía de las naciones pantalla.*

Todos coincidiremos en el diagnóstico de algunos problemas que asolan nuestra sociedad: la ausencia de privacidad y el culto al narcisismo, la sensación de que ya no somos capaces de concentrarnos y vivimos distraídos por las notificaciones de nuestro móvil, la invasión de los bulos que está haciendo tambalear nuestra confianza en las instituciones, la desconfianza en los medios de comunicación, la destrucción de la comunicación personal física y vecinal. Pues bien, el autor de este texto, Juan Carlos Blanco, logra demostrarnos que detrás de todo ello hay un solo fenómeno: las naciones pantalla. Es decir, las macroempresas de las nuevas tecnologías que son ya más importantes en nuestras vidas que los Estados.

Blanco es un periodista que sabe cómo funciona el sistema. Además de consultor en comunicación, colabora en diversos programas de análisis político de radio y televisión. Dirige el pódcast *Algohumanos* y asesora a empresas en estrategias de comunicación corporativa. Fue director de *El Correo de Andalucía* y antes subdirector del *Diario de Sevilla.*

En *La tiranía de las naciones pantalla: Cinco pecados capitales de las plataformas que gobiernan internet,* Blanco repasa también los antecedentes que nos llevaron a esta situación; por ejemplo, nos recuerda que, allá por 2010, pensamos que con un móvil, internet y las redes asaltábamos los cielos. Nos habíamos sacudido la mediación oligarca de medios de comunicación y partidos políticos, y los ciudadanos nos movilizábamos de forma autónoma y soberana. Hoy nos hemos dado cuenta de que nos han descargado encima un contenedor de basura. Aquella supuesta «democratización de la información» sólo ha sido una «democratización de la desinformación». Ahora los bulos ya no te los manda ningún poderoso, te los manda tu cuñado y tu compañero de trabajo, dando una pátina de veracidad.

Sabemos con certeza que las naciones pantalla tienen más presupuesto del que manejan nuestros Estados, pero no sé si somos conscientes de que incluso les hemos dado más competencias. Facebook o X pueden eliminar y proscribir contenidos informativos de un modo que no permitiríamos a nuestros Gobiernos, porque lo consideraríamos censura. Amazon acepta quejas de consumidores sobre otras empresas y gestiona indemnizaciones con más diligencia que cualquier oficina de consumo pública. Google conoce mejor la situación del tráfico que nuestra Policía. Un error de Microsoft puede bloquear nuestra administración pública de forma más exitosa que la mayor huelga de funcionarios. Uber conoce los desplazamientos de los ciudadanos mejor que cualquier pulsera de seguimiento policial... Si hace cincuenta años le hubieran dicho a un ciudadano que habría unos agentes privados con todo ese poder, sin ninguna duda estaría pensando en un golpe de Estado que había derrocado al Gobierno. Sin embargo, como la rana que se va cociendo lentamente en el agua sin percibirlo según se va calentando, nosotros hemos ido aceptando unas competencias y poderes de las naciones pantalla inimaginables hace unas décadas.

Juan Carlos Blanco también analiza la evolución que sufren estas aplicaciones. Cómo comienzan ofreciendo algo valioso y útil y, poco a poco, cegados por la rentabilidad y la presión de los anunciantes, terminan degenerando. A pesar de ello, parece que su único declive se materializa cuando dejan de ser rentables. Ni el auge de las *fake news* en sus contenidos, ni la crispación social que generan, ni los problemas psicológicos que producen en los más jóvenes logran ser motivo suficiente para que los poderes públicos se atrevan contra las naciones pantallas. Quizá, y ese es otro de los problemas, porque su poder electoral puede ser decisivo. Se vio con el caso de Cambridge Analytica en las elecciones estadounidenses de 2018, el poder de los grupos de WhatsApp en las elecciones que ganó Bolsonaro en Brasil, o el de Telegram en el avance de Alvise en las españolas. Recientemente lo hemos visto también en la importancia que le ha dado Elon Musk a X en la lucha electoral que ha llevado al poder a Trump.

Como dice Blanco:

> Las plataformas no se paran a pensar en si los contenidos que publican en su seno son ciertos o falsos o si son vejatorios, amenazantes, agresivos, humillantes o divisivos. Les da igual si los partidos políticos extreman sus posturas para reafirmarse ideológicamente y sueltan acusaciones sin fundamento, o si algunos de sus seguidores propagan bulos o mensajes cargados hasta arriba de bilis. Y no se sienten concernidos cuando los ponen en el punto de mira como coautores de la destrucción de la atención entre los más jóvenes. Lo que quieren es ganar dinero. Y por eso no se responsabilizan de lo que se dice o de lo que pasa dentro de sus muros.

Con una metodología maestralmente pedagógica, Juan Carlos Blanco repasa a lo largo del libro *La tiranía de las naciones pantalla* los cinco pecados de las plataformas que gobiernan internet e insiste en lo más importante: «tu responsabilidad individual y tu capacidad para rebelarte y aportar para el cambio». El autor nos pide no ser esclavos de nuestros dispositivos, convertirnos en activistas domésticos que controlan las herramientas tecnológicas que se usan en el día a día. No voy a citar en este momento los cinco pecados, pero les adelanto que, sólo con leerlos, el lector los irá reconociendo. Eso sí, cuando uno termina de repasarlos, creo que llega a la conclusión de que, más que pecados, deberían ser delitos. No lo son por el poder y la impunidad que tienen las empresas pantalla sobre los Gobiernos. Los pecados forman parte de la moral y religión de cada uno; los delitos, en cambio, son violaciones de las leyes y deben ser perseguidos y castigados por los poderes públicos. Nos jugamos que nos manden las personas que elegimos o que nos manden los algoritmos.

Si recogemos la terminología que acuñó Umberto Eco, Blanco no es ni apocalíptico ni integrado. Es decir, no cree que la situación que vivimos sea tan catastrófica como para no reconocer los avances y ventajas que las nuevas tecnologías nos han proporcionado, no es un ludista que quiera romper los móviles a patadas; pero tampoco se resigna a aceptar la situación actual, que considera muy preocupante, y por ello nos alerta del peligro.

Por tanto, estamos ante un libro que puede situarse entre el equilibrio del reconocimiento de los beneficios de las nuevas tecnologías y la necesidad de protegernos de ellas.

Pascual Serrano

INTRODUCCIÓN

SOY UN ADICTO A LAS PANTALLAS

Te escribo desde mi condición de adicto a las pantallas y al móvil. Un yonqui de los que miran el teléfono en medio de una conversación personal, de los que consultan las noticias en X a cada momento y de los que ven una película en televisión a la misma vez que repasan las notificaciones que les llegan al Whats-App. Mi adicción es culpa mía, pero no soy el único culpable de ella. También es la consecuencia de un modelo implantado por las grandes empresas tecnológicas, encabezadas por Google, Meta, X y otras tantas, que utilizan técnicas idénticas a las de los casinos para retener a sus usuarios en sus plataformas y vender posteriormente sus datos más personales en el mercado de la publicidad programática, esa que te persigue en internet allí por donde navegues.

Aquí defino a las macroempresas que gobiernan el negocio de la publicidad programática como naciones pantalla, porque son más importantes para nuestras vidas que los Estados. Amazon, Google o Meta tienen un PIB superior al de la mayor parte de los países del planeta. En 2024, le pregunté a la herramienta de inteligencia artificial Perplexity y me respondió que Apple tiene una valoración de 2,3 billones de dólares, que Amazon está en torno a los 1,3 billones de dólares, que Microsoft tiene una valoración de 1,8 billones de dólares y que Meta alcanza los 753.000 millones. Los números fluctúan con el tiempo, pero su poder no decrece. Un ejemplo, de las diez empresas con mayor valor en bolsa en este pasado 2024, seis de ellas eran tecnológicas; y todas ellas norteamericanas (Apple, Microsoft, Alphabet, Amazon, Nvidia y Tesla).

Me dirás que es lo mismo de siempre, pero ahora con el fondo de una pantalla y una autopista de banda ancha. Multinacionales que desafían el poder de los Estados en defensa de sus intereses. Lo que han hecho desde la irrupción de la Compañía Holandesa de las Indias Orientales –que monopolizó el comercio entre Asia y el continente europeo en el siglo XVI– y lo que seguirán haciendo cuando Facebook sea poco más que un vestigio del pasado.

Pero aquí hay algo más. A la espera de que las empresas que irrumpen con la inteligencia artificial cambien el *statu quo* que impera hoy, Meta o Alphabet (Google) son bastante más que versiones digitales de la norteamericana United Fruit Company[1] de principios del siglo XX, que ejercía de presidenta *de facto* de algunos países latinoamericanos. Estas naciones pantalla se comportan como vikingos entrando en un reino inglés en el siglo IX, arramplando con nuestra privacidad, arrasando nuestra atención y debilitando nuestros sistemas democráticos y nuestros tejidos comerciales.

Son más que unos traficantes de nuestra atención. Son naciones pantalla jugando a ser más que los Estados, naciones que reclaman su derecho a conducirse como ellos quieran porque supuestamente se lo ganan con las mejoras y beneficios que reportan a la sociedad.

Podemos reconocer el valor de las mejoras que nos han proporcionado estas empresas y el papel que desempeñan en el adiós a la sociedad analógica y la llegada de este vergel algorítmico. Gracias a ellas, vivimos mejor, nos informamos más, nos entretenemos lo que nos apetece y tenemos acceso a casi todo. Su aportación a nuestro bienestar es única. Y se expande en todos los frentes, incluidos el de la sanidad, la educación, los servicios sociales y cualquier otro que se te ocurra.

Pero no se puede esconder que, en estos mismos treinta años, sus sistemas de extracción masiva de nuestros datos han pasado por encima de nuestra privacidad convirtiéndonos a los usua-

---

[1] La United Fruit Company comerciaba con frutas tropicales, entre ellas con bananas de varios países centroamericanos. Su poder sobre las administraciones locales era tan evidente que, desde esa época, se acuñó el término de «repúblicas bananeras» para denominar a los Estados en los que se hacía notar palmariamente el dominio de las multinacionales sobre ellos.

rios de carne y hueso en productos cuyo comportamiento se moldea para atraernos a sus páginas y aplicaciones, mirando a otro lado ante la distribución de contenidos falsos que envenenan la conversación pública, deteriorando amplias capas del mercado del trabajo y provocando una pandemia de distracción y de desconcentración que avanza sin freno.

Daron Acemoğlu y Simon Johnson describen este proceso en su ensayo *Poder y progreso: Nuestra lucha milenaria por la tecnología y la prosperidad*, donde establecen antecedentes, como los de la construcción de las pirámides del Antiguo Egipto, las innovaciones agrícolas en la Inglaterra del Medievo, la aparición de las desmotadoras de algodón en el sur esclavista de Estados Unidos o las reformas agrícolas en la Rusia soviética, para subrayar que la tecnología no trae prosperidad en la historia si es secuestrada, como en estos casos, por las elites transformadoras que se quedaban en exclusiva con los beneficios de estos cambios.

Ambos economistas reconocen los extraordinarios avances que logran las empresas de tecnología, pero ponen el acento, como vamos a hacer aquí en este texto, en el reverso más discutible que presentan estas naciones pantalla que tanto influyen en nuestras vidas.

En las próximas páginas me voy a detener en estos problemas de fondo que están destrozando la manera con la que nos hemos relacionado, al menos, desde el nacimiento de los Estados modernos.

Pero, antes, te quiero hacer un breve resumen de lo que te voy a contar. Cuando lo leas, piensa si alguno de estos destrozos de los que te voy a hablar te toca de cerca. Me extrañaría mucho que no fuera así.

LA INTROMISIÓN MASIVA EN NUESTRA PRIVACIDAD

Las naciones pantalla aprovechan nuestra dejadez para entrar en lo más íntimo de nuestra vida personal. El ciudadano que lee hasta la última cláusula de una aplicación no existe. Somos nosotros quienes descuidamos nuestra privacidad, quienes aceptamos las intromisiones más agresivas a cambio de acceder a estos productos tan entretenidos y funcionales y, más tarde, quienes nos escandalizamos de que estas plataformas sepan todo sobre nosotros. Te pongo un ejemplo que te sonará: te aparece en la pantalla del teléfono móvil el anuncio de unas pastillas efervescentes contra el resfriado justo ahora que has empezado a estornudar y a moquear. Pero ¿cómo sabían que me estaba poniendo enfermo? No seas ingenuo: porque tú, como yo mismo, les has dado la llave de nuestra intimidad a unas empresas que viven de explotar tus datos a cambio de unos cuantos ratitos de dopamina y felicidad.

La inquietud crece al tomar conciencia del abuso que sufrimos. Las plataformas vigilan nuestros movimientos en las redes, pero también quieren hacer lo mismo con nuestros movimientos en la esfera íntima de nuestros hogares, cuando salimos con los amigos a tomar una cerveza o cuando nos acercamos a un centro comercial.

La materia prima de su producto es nuestro comportamiento. En consecuencia, nuestro derecho a la privacidad es una incomodidad que hay que sortear y, si es necesario, destruir. Y si cuentan con las facilidades que les damos para permitir estos abusos, el resultado es el que te imaginas. Las plataformas son, en este caso, como los ladrones que encuentran abiertas las puertas de las casas y de los coches. Cómo no van a caer en la tentación de entrar.

LA PÉRDIDA DE NUESTRA CAPACIDAD DE CONCENTRACIÓN

El uso masivo de redes y otras aplicaciones causa una disminución de nuestra capacidad de atención en la época en la que hay una mayor oferta para la distracción. Nos cuesta leer una novela o un artículo largo de un periódico, pero podemos pasarnos una o dos horas delante de la pantalla de nuestro móvil viendo fotos, vídeos y memes. Nos engancha el *scroll*, una herramienta que creó en 2006 el ingeniero Aza Raskin para navegar sin fin por nuestra pantalla y que sólo 12 años después repudió al entender que había creado «una dinámica muy adictiva que no permitía al usuario procesar la información que leía».

A la desconcentración se suma el peligro del uso de redes que subliman el culto a la imagen en unas edades en las que los niños sufren mayores problemas de autoestima. Esta debilidad no es patrimonio de los más jóvenes. Las generaciones más maduras también caen en los mismos problemas. Pero donde más daño hace es en las generaciones en fase de maduración, víctimas de plataformas sociales diseñadas para que se diviertan las 24 horas del día, incluso a costa de su salud mental. Hoy, los Estados empiezan a darse cuenta del destrozo, dudan de que haya sido una buena idea la inmersión completamente digital en las escuelas y anuncian prohibiciones y restricciones en el consumo de las pantallas.

LA EROSIÓN DE LA CONFIANZA EN LA DEMOCRACIA

La desinformación mata. A las personas y a las democracias. Las naciones pantalla han sido colonizadas por traficantes de bulos cuyo papel ha sido determinante para el aumento de la desinformación, de la polarización y de la crispación; factores que alimentan la desconfianza en quienes nos representan desde las instituciones democráticas.

Las redes sociales son escenarios para la trifulca política donde las reglas se difuminan. Las naciones pantalla son conscientes de que la polémica alimenta el número de visitas, ayudándolas a generar ingresos, y por eso alientan la distribución de discursos de odio y noticias falsas que cumplen con su función de mantener la atención de millones de usuarios deseosos de reafirmar sus convicciones ideológicas, incluso a costa de sepultar su espíritu crítico.

Su irresponsabilidad las sitúa como cómplices en el envenenamiento de la conversación pública. Nadie ha querido matar a la gallina de los bulos de oro y no hay quien frene a este monstruo. Y menos ahora que somos ya conscientes, gracias a Elon Musk, de que unos algoritmos bien orientados en una red tan adictiva como X pueden ser capitales para ganar en elecciones como las presidenciales norteamericanas[2]. Veremos en este segundo mandato de Donald Trump si la complicidad con Elon Musk supone más poder para la nación pantalla de este señor feudal de internet o qué demonios pretende este empresario de origen sudafricano.

LA DESTRUCCIÓN DE LOS MEDIOS DE COMUNICACIÓN

Quizá el término que precisa más lo que ha pasado con los medios de comunicación en estos últimos treinta años no sea tanto el de «destrucción» como el de «suicidio» de la industria de las empresas periodísticas. Pero aquí, por ceñirme al objeto del texto, me centraré en cómo las estructuras mediáticas han caído en un hechizo algorítmico que les ha hecho presas de la adoración acrítica al SEO (el sistema de posicionamiento de sus páginas en el buscador de Google) y ha devenido una precarización acelerada del oficio periodístico. Internet ha ofrecido grandes oportunidades, pero ha destrozado una estructura clave para seguir pensando que las democracias de derecho lo son también de hecho. El periodismo no está en fase de adaptación, sino de reconstrucción, pero está débil. Y las plataformas tecnológicas hurgan en sus heridas, queriendo sacarles hasta el último aliento mientras les siguen poniendo por delante el señuelo de millones de visitas que alimentan su sueño de volver a los beneficios de una publicidad que se ha ido sin remisión. ¿Por qué aparece en este libro con un bloque propio? Porque la caída de los medios no sólo afecta a los medios, sino a toda la sociedad. Puede sonar cursi eso que repiten tantos periodistas de que sin periodismo no hay democracia, pero te avanzo algo: tienen ra-

---

[2] Un estudio firmado por Timothy Graham y Marc Andrejevic, de la Universidad de Brisbane (Australia), sostiene que Elon Musk manipuló los algoritmos de X para priorizar publicaciones con valores conservadores durante los meses previos a las elecciones a la presidencia de Estados Unidos de noviembre de 2024. En el caso del propio Elon Musk, sus publicaciones se beneficiaron de un incremento de las visitas de un 138% con respecto a las cifras que manejaba antes de julio de ese año.

zón. Y te añado otro detalle importante: los creadores de contenido no pueden sustituir al periodismo.

LA *LOWCOSTIZACIÓN* DEL PEQUEÑO COMERCIO

El capitalismo extractivo de estas naciones pantalla se asienta sobre la destrucción de sectores de toda naturaleza, desde la del comercio tradicional de los barrios hasta la de las industrias como la musical, la cinematográfica, la textil al por menor o cualquier otra en la que los intermediarios han visto cómo su valor se pulveriza. La disrupción tecnológica pone fecha de caducidad sobre empresas y sectores que no han sabido adaptarse a la nueva era de la desintermediación. Pero aquí no nos referiremos a ese proceso natural, ni tampoco a la automatización y robotización de millones de empleos fruto de la aplicación masiva de herramientas de inteligencia artificial, sino a las consecuencias laborales de un oligopolio tecnológico que ha dictado las condiciones de su mercado con posiciones abusivas que han aplastado a sus potenciales competidores y precarizado a millones de trabajadores del comercio.

En vista de lo que te acabo de describir, no te sorprenderá que te diga que soy partidario de que nos tomemos mucho más en serio el control de las naciones pantalla. Los atropellos de las tecnológicas no son algo inevitable que haya que soportar en aras del progreso. No hay designio divino alguno que nos exija aguantar sus excesos. Y tampoco está escrito que debamos aceptar que tenga como daño colateral la destrucción de parte del mundo que vivimos.

Lo contaba muy bien Antonio Muñoz Molina en un artículo[3] en *El País* en el que se refería a un anuncio de un nuevo modelo de iPad de Apple. El anuncio simulaba cómo una gran tritura-

---

[3] A. Muñoz Molina, «En lucha contra la apisonadora», *El País,* 25 de mayo de 2024, disponible en [https://elpais.com/opinion/2024-05-25/en-lucha-contra-la-apisonadora.html].

dora aplastaba y destruía objetos de consumo para nuestro ocio y entretenimiento que han sido parte de nuestras vidas (libros, cuadernos, lápices, vinilos, etcétera) y trasladaba que todo lo que necesitas para vivir y para trabajar lo tienes en el iPad. Para Muñoz Molina, y también para muchos de nosotros, el mensaje estremece por lo explícito que es: el mundo que conocíais se acaba y llega otro en el que quienes fabrican y distribuyen las pantallas te mantienen enganchado a ellas. Hago mío el final de este artículo del escritor jienense: «Quiero que la tecnología me facilite ciertas cosas en la vida, pero no quiero vivir sometido a ella, a las maquinaciones codiciosas de unos plutócratas disfrazados de gurús. No es nostalgia. Es resistencia y rebeldía contra la apisonadora».

No, no podemos tampoco asumir con fatalismo que este progreso se dejará víctimas en el camino o que provocará daños colaterales en una sociedad que tiene que mirar hacia adelante sin reparar en los que salen peor parados del zamarreo social al que nos somete la disrupción tecnológica. Ya sabemos que todos estos movimientos tienen sus víctimas. Pero las sociedades avanzadas tienen mecanismos de protección que mitigan estas situaciones, ejercen de contrapesos de las elites que acaparan el beneficio de estas mejoras y distribuyen sus beneficios en el conjunto de la sociedad, a sabiendas de que este Santo Grial del progreso no es privativo de unos pocos, por muy bien que hayan hecho sus deberes.

Ya basta, por tanto, de ingenuidades sobre las buenas intenciones de los propietarios y accionistas de las tecnológicas. Bill Maher, presentador del programa *Real Time* en la HBO, decía en mayo de 2017 que «los magnates de las redes sociales tienen que dejar de hacerse pasar por cerebritos cuasiamistosos que construyen un mundo mejor y empezar a admitir que no son más que vendedores de tabaco en camiseta vendiendo productos adictivos a nuestros hijos. Porque, admitámoslo, comprobar la cantidad de "me gusta" es el nuevo tabaquismo».

Hoy, unos cuantos años después, las consecuencias tóxicas de esta obsesión por el *«like»* no son más que un síntoma de una expansión de las plataformas que nos devora por demasiados sitios a la vez. De nosotros depende que esto de las naciones pantalla vaya a más o que, por el contrario, los ciudadanos, y los Estados en los que depositan la responsabilidad de los asuntos públicos que nos conciernen a todos, reviertan la situación.

Ya te anticipo que no es fácil. Esto no va de que nos pongamos a enumerar por nuestra cuenta propuestas de mejora desde las pantallas de nuestros ordenadores, sino de que entre todos asumamos la dimensión de los problemas a los que nos enfrentamos y que tomemos conciencia de que esta no es una disrupción más; es algo más profundo que está cambiando nuestras vidas, en algunos aspectos a mejor y, en otros, infinitamente a peor.

HA LLEGADO LA HORA DE DECIR BASTA…
SI ES QUE AÚN PODEMOS

I

CÓMO DEMONIOS HAN LLEGADO A TENER TANTO PODER LAS NACIONES PANTALLA

> El capitalismo de vigilancia demanda nuestra atención continua con técnicas de persuasión y de ingeniería de la conducta que antes habían sido probadas y perfeccionadas por las empresas de juego, porque cualquier casino sabe que no hay nada más rentable que un adicto. Y el capitalismo de vigilancia se agarra al poder de muchas formas. Una de ellas es la retórica. Ha aprendido a confundir a todo el mundo durante veinte años. Cuando te quejas de algo de lo que hacen, ellos te responden que es la consecuencia inevitable de la tecnología digital.
>
> Shoshana Zuboff, autora de *La era del capitalismo de vigilancia: La lucha por un futuro humano frente a las nuevas esferas del poder*

Un par de ideas clave sobre el ascenso y consolidación de las naciones pantalla antes de contarte de dónde vienen y cómo han llegado a tener el poder del que ahora disfrutan:

Primera. Las grandes corporaciones tecnológicas no serían hoy lo que son si no hubieran hallado la piedra filosofal de sus modelos de negocio gracias al descubrimiento del sistema de la publicidad programática, que les ha permitido hacerse con el control de grandes sectores industriales y de servicios gracias a su conocimiento masivo de los datos personales y privados de los miles de millones de usuarios de sus canales, redes y plataformas. Te explico en qué consiste la programática con un ejemplo elocuente: has entrado en Google una noche de domingo de invierno y te has puesto a fantasear con la idea de pasar el fin de año a unos veinte grados en un hotel de Lanzarote para luego darte un baño en las playas de Famara o de La Graciosa. Más allá de que esa misma noche descubrirás todas las opciones posibles para irte a esa isla canaria, sabes que a partir de ese momento estarás condenado a ver anuncios de Lanzarote cada vez que navegues por el móvil o por el ordenador, aunque en ese instante lo que te interese sea husmear en páginas sobre botas de fútbol o sobre pantalones chinos. Los anuncios isleños y su oferta de luz, temperaturas templadas y arena volcánica te perseguirán unos cuantos días. No hay escapatoria. El algoritmo piensa que quieres ir a Lanzarote y hará lo que sea necesario para que pases de la ensoñación a la realidad, previo paso por la cuenta corriente de alguno de sus anunciantes. Un negocio redondo que se sustenta en este sistema que garantiza que los anunciantes gastarán mejor el dinero que invierten en publicidad y que los consumidores de esos anuncios verán las inserciones que más se ajusten a sus necesidades de ese momento y contexto determinado. Pero que también obliga, hoy que casi todos participan de este aquelarre algorítmico, a pagarles si no quieres ser una empresa invisible. O pagas, o te vas al cementerio de las páginas olvidadas.

Y segunda. Las grandes corporaciones digitales tampoco serían hoy lo que son si no hubiéramos vivido, tras la caída del Muro de Berlín y la consolidación de la idea de Fukuyama del fin de la historia, tres décadas de una extraña suspensión de la realidad, en la que hemos celebrado las innovaciones tecnológicas que nos han mejorado la vida sin tomarnos en serio los efectos más tóxicos de la actividad desatada por ellas. Las naciones pantalla han saltado al campo de juego cuando todavía no había reglas para ese juego, para gestionarlas. Y se han aprovechado de la laxitud de las administraciones públicas para hacerse más poderosas que estas.

Pero vayamos, aunque sea con brevedad, al origen de todo esto. Al *big bang* con el que arrancó el universo de las plataformas. Aquí va un breve resumen para que entiendas cómo es posible que se hayan hecho tan grandes y poderosas en apenas tres décadas.

Con permiso de Microsoft, pionera en tantas cuestiones, la primera gran compañía tecnológica con atributos de nación pantalla no fue la empresa de Bill Gates, sino Google a principios de este siglo XXI. La profesora emérita de Harvard Shoshana Zuboff describe en su libro sobre el capitalismo de vigilancia que la empresa de Larry Page y Serguéi Brin se dedicaba en su origen (Google se fundó en 1998) a vender servicios web a portales como Yahoo o el japonés Bigglobe, y generaba ingresos mediante la venta de anuncios patrocinados vinculados a palabras clave para las búsquedas. Page y Brin eran reacios a permitir que los anunciantes pagaran por salir en los puestos más altos del buscador, porque esta práctica distorsionaba su idea de poner en marcha un buscador que pusiera orden en el mundo; pero el pinchazo de las empresas puntocom de la primera década del XXI y la impaciencia de los fondos de inversión, que apostaron por esta compañía del Valle del Silicio y querían ver ya un retorno de su apuesta, provocaron un cambio abrupto.

En marzo de 2001, la empresa contrató como primer ejecutivo a Eric Schmidt, quien impulsó un nuevo modelo de negocio que aportase los ingresos necesarios para demostrar que este proyecto iba a ser rentable. Este modelo era el de la publicidad programática, gracias a la que Google se convertiría muy poco después en la mayor casa de anuncios publicitarios de la historia por su capacidad de emparejar búsquedas y anuncios a través de su programa de inserción de publicidad Google AdWords y, con posterioridad, por la implantación de esos mismos programas de inserciones publicitarias en millones de páginas web de la red a través de Google Ads y AdSense (gracias al descubrimiento que hizo el científico Amit Patel sobre cómo usar el inacabable excedente de datos de las memorias caché de los usuarios que guardaba Google para ofrecer anuncios más ajustados).

El sistema era (y es) sencillo. A más clics, más anuncios. Y a más anuncios, más dinero para el buscador. Una cadena de valor en la que lo importante es la cantidad de pinchazos en las páginas y no la calidad del contenido que se enlaza. Y, por extensión, un modelo que desveló en su momento dónde estaba de verdad el dinero en internet: en la publicidad. Este cambio permitió que Page y Brin no fueran otros dos grandes innovadores más con dificultades para mercantilizar su invención, sino que, a diferencia de tantos otros, pudieran poner en marcha un negocio cuyos ingresos se fueron multiplicando cada año[1].

Después de Google, la siguiente gran compañía tecnológica que descubrió el potencial de la publicidad programática fue Facebook, que contaba con la infinita fuente de datos de sus cientos de millones de usuarios de todo el planeta. La empresa de Zuckerberg hizo en las redes sociales lo mismo que Google en el terreno de las búsquedas y tardó en lograr beneficios en publicidad conductual el tiempo que necesitó para darse cuenta de que la mejor manera de copiar a Google era fichando a quienes habían hecho del buscador la nueva petrolera de estos años.

En 2008, cuatro años después de su fundación en una habitación de una residencia de estudiantes de la Universidad de Harvard, Zuckerberg nombra directora de operaciones de su imberbe compañía a Sheryl Sandberg, hasta ese momento vicepresidenta de ventas y operaciones en línea globales de Google y quien había liderado la expansión del programa de inserción de anuncios publicitarios AdWords. Al poco, Sandberg ya estaba enzarzada en la idea de convertir la red social en una gigantesca plataforma publicitaria en la que los usuarios se dedicaran sin descanso a decirle a Facebook a través de sus *likes* y de sus comentarios qué les gustaba a ellos y a sus familiares y amigos, elemento básico para mejorar los algoritmos de su sistema publicitario.

Durante casi dos décadas, los estandartes de Alphabet (Google) y de Meta (Facebook) monopolizaron este negocio. Pero, hoy, los dos gigantes de la distribución de contenidos en internet ya no están solos en el reparto de este botín de la publicidad programática. En los últimos años, otros operadores han decidido pelear por este negocio. La lista es larga y en ella se incluyen, sin contar a los jugadores chinos que participan en sus propias ligas –como Baidu, Alibaba y Tencent (equivalentes en Oriente

---

[1] En 2004, el programa de AdSense reportaba a Google una ganancia de un millón de dólares al día. En 2010, Google ganó por este mismo programa 10.000 millones de dólares. En los últimos seis meses de 2021, la compañía ganaba 61.900 millones de dólares, de los cuales el 80% (49.520 millones) vino a través de sus programas de publicidad.

a lo que en Occidente serían Google, Amazon y Meta)–, proveedores de servicios de *hardware* como Microsoft (dueña también de LinkedIn); empresas de logística y servicios como Amazon; compañías de banda ancha como Orange, Vodafone y Movistar; plataformas de *streaming* como Netflix o HBO, y otras compañías de menor tamaño que también buscan su hueco en el paraíso programático.

Pero la conversión de las tecnológicas en naciones pantalla no sólo se logró porque se perfeccionara un modelo de negocio como el de la publicidad programática, sino que fue también el fruto de un orden político que propició el surgimiento de movimientos de innovación abierta como el de estas plataformas. Este orden fue el neoliberal, fue el que sustituyó en Norteamérica al *New Deal* como vademécum oficial del sistema económico, y es el que ha competido estos últimos treinta años con los sistemas de protección y de mayor regulación de los estados del bienestar europeos.

El profesor de Historia Americana de la Universidad de Cambridge Gary Gerstle describe en su libro *Auge y caída del orden neoliberal: La historia del mundo en la era del libre mercado* cómo el neoliberalismo toma las riendas de Estados Unidos en el mandato del republicano Ronald Reagan como reacción a la agonía del *New Deal* y se extiende con Clinton y luego Obama a las elites liberales del Partido Demócrata, convirtiéndose en algo parecido a una religión monoteísta de pensamiento único. En este contexto, el desarrollo de las naciones pantalla es hijo de un liberalismo que abogaba en su momento por la reducción del papel de los Estados y por potenciar estas compañías digitales, con la esperanza de que sus fortalezas competitivas y su fuerza innovadora mitigarían la caída de la industria pesada norteamericana, diezmada por la competencia de China y del Sudeste Asiático.

Hoy, ya entrados en la tercera década del presente siglo, hemos perdido la inocencia en nuestra relación con las tecnológicas y ya no les damos la confianza que antes les concedíamos. De hecho, ha cambiado nuestra relación con ellas en 180 grados. Del amor a casi el odio. Y sin atajos. De alentarlas hemos pasado a vigilarlas, para que, a su vez, dejen de vigilar y explotar a sus usuarios y clientes, Ya no las consideramos rebeldes con causa a las que nos abrazamos para no perder el tren de la modernidad, sino simples depredadoras digitales en busca de carnaza. Nos hemos cansado de sus excusas para eludir sus responsabilidades y hemos fijado nuestra atención en que no conviertan las plataformas con las que operan en zonas francas libres de obligaciones donde operar bajo las banderas piratas de sus logos comerciales.

En los primeros años de esta década, en plena salida de la pandemia del covid-19, los propietarios y ejecutivos de algunas de estas compañías se han visto obligados a declarar en el Congreso de Estados Unidos por su responsabilidad en la difusión de noticias falsas y por su dejación en el control de los contenidos que se publican en sus canales y cuentas. Asimismo, hemos visto cómo se ha llevado a juicio a Google por una posición de dominio que presuntamente deriva en abuso, a Amazon por su cuasimonopolio de la distribución y a Apple también por supuestas prácticas monopolísticas, y cómo se ha llegado a acuerdos judiciales y extrajudiciales con algunas de las víctimas de los atropellos que ellos habrían permitido con su actitud. Entre estos últimos, el acuerdo por el que Meta accede a pagar 725 millones de dólares de indemnización a un grupo de usuarios que le demandó por compartir sus datos personales con una empresa (Cambridge Analytica) que supuestamente iba a utilizarlos con fines académicos, pero que los empleó ilegalmente para mejorar el destino de los anuncios pagados en Facebook por el equipo electoral de Donald Trump en su primera carrera presidencial, la de 2016.

Y en Europa, donde se percibe una mayor conciencia institucional de la necesidad de delimitar la responsabilidad de las tecnológicas[2], desde 2022 hemos visto nacer entretanto el pa-

---

[2] Enrique Dans explica bien en un artículo por qué en Europa hay mayor conciencia de la necesidad de regular la acción de estas plataformas tecnológicas y poner coto a sus desmanes. Disponible en [https://www.enriquedans.com/2024/03/la-digital-markets-act-y-los-intentos-de-europa-de-dinamizar-la-regulacion.html].

quete de medidas de regulación de los servicios digitales, que se desarrolla a través de la Ley de Mercados Digitales y de la nueva directiva de servicios, creando un marco normativo con el que se persiguen dos objetivos.

En primer lugar, ganar en transparencia y en facilidades para el acceso a los algoritmos de las empresas tecnológicas que operan en Europa (fija su atención en aquellas que superan los 45 millones de usuarios, pero, como te imaginarás, sus «destinatarios» son, principalmente, Alphabet, Amazon y Meta). Y en segundo lugar, aportar instrumentos para retirar rápidamente contenidos que sean ilegales o que fomenten el odio, entre ellos, la posibilidad de imponer multas de hasta el 6% de los ingresos globales de cualquiera de estas compañías[3].

A consecuencia de su entrada en vigor, por ponerte otro ejemplo de para qué sirve esta normativa, la Unión Europea comunicó en marzo de 2024 que había abierto una investigación contra Apple, Alphabet, Meta y Amazon por no facilitar la competencia, que es una exigencia ineludible de la nueva ley continental, con presumibles sanciones de hasta el 10% de su facturación global. Y, poco antes, imponía una multa a Apple por valor de 1.800 millones de euros por restringir la competencia en su tienda de música.

¿Qué es lo que ha pasado para que haya cambiado de esta manera nuestra actitud respecto a las tecnológicas? Pues que se nos ha caído el velo. Y como consecuencia, las naciones pantalla empiezan a entender que ya no pueden seguir comportándose como pandilleros digitales y que es mejor firmar alianzas con quienes van a detentar el poder, entre ellos Donald Trump, reconvertido en el gran amigo de los nuevos tecnoligarcas.

---

[3] También en este este caso hay que hablar de Meta. La Unión Europea le ha impuesto una multa de 390 millones de euros, 210 por Facebook y otros 180 por Instagram, por violar el Reglamento General de Protección de Datos al exigir a sus usuarios que le cedan sus datos personales si quieren seguir consumiendo estas redes en los países de la Unión.

II

LA CAÍDA DEL VELO

Las plataformas se usaron a inicios de la segunda década de este siglo para expresar el hartazgo ciudadano hacia quienes nos representaban. Fue la época en la que cambiamos nuestros antiguos móviles por *smartphones* con pantallas de cinco pulgadas desde las que tecleábamos nuestra indignación y protestábamos contra quienes nos gobernaban, pero que supuestamente ya no nos representaban. Las redes hacían de autopistas por donde circulaba la ira de millones de personas que pedían más desregulación (el Tea Party norteamericano), más democracia y libertad (la Primavera árabe) y el fin de la austeridad impuesta para acabar con la crisis de las *subprime* y del resto de los activos financieros tóxicos (los movimientos del 15-M en España y de Ocuppy Wall Street en Estados Unidos).

No se salvaba ningún estamento que se identificara con los de siempre: los Gobiernos, los Parlamentos, los partidos políticos, los empresarios, los sindicatos, los periodistas, el mundo de la cultura... todos éramos cómplices de un mundo que los populistas de extrema izquierda dividían en España entre los de arriba y los de abajo de un sistema de castas con el que había que acabar. Pero había una excepción: pocos criticaban a las plataformas y a las redes, por muy capitalistas que estas fueran. La mayoría de nosotros saludaba su irrupción y no se ponía a pensar en la contradicción de querer hacer la revolución con un iPhone que manejabas desde el sofá o desde la cama de tu dormitorio. Las redes rompían el *statu quo* y democratizaban la charla social. Nos permitían asaltar el poder desde el 15-M a golpe de tuit. Por el precio de un móvil y de la banda ancha, se abría un mundo nuevo. No hacía falta tener un medio para disponer de un altavoz. En plena orgía de la desintermediación, pensamos incluso que ya no nos hacían falta los medios de comunicación. Nuestro lema era «más Twitter y menos periodismo vendido a los poderosos», sin saber por entonces que esa proclama nos iba a traer toneladas de propaganda, desinformación y demagogia.

Las nuevas plataformas nos brindaban oportunidades extraordinarias para debatir, discutir y avanzar en un ambiente de participación imposible de soñar ni para la democracia más avanzada e iban a ayudarnos a extender nuestro modelo de derechos civiles y libre mercado, acorralando a los regímenes autoritarios. Pero, a partir de 2016, esos esquemas mentales y esas ilusiones de una tele democracia participativa se resquebrajaron. Del sueño de las nuevas redes ciudadanas nacieron liderazgos tóxicos que creíamos acabados. La victoria de Donald Trump en Estados Unidos y la de los partidarios del *brexit* en Reino Unido nos pegaron un puñetazo de realidad. El vergel democrático que esperábamos con una inocencia que hoy da hasta vergüenza es ahora un lodazal donde se desarrollan las peores prácticas y artimañas imaginables.

A muchos de nosotros nos sorprendió la simplicidad de la estrategia: la utilización masiva de los datos personales de los usuarios, extraídos de las redes sociales, para campañas de desinformación que se podían perpetrar porque los propietarios de estas plataformas se mostraban exageradamente laxos en el control de las patrañas e incluso alentaban la distribución de estos contenidos por su capacidad de viralización, que les hacía ganar todavía más dinero gracias al incremento en el número de anuncios.

Ese año se truncó la poca inocencia que nos quedaba. Nos dimos cuenta de que la mejora social que se atisbaba gracias a la transformación digital venía acompañada de la mayor expansión de basura virtual de la historia de la humanidad. La desinformación se convirtió en una industria más. Y funcionaba muy bien en escenarios de polarización. No necesitabas formar parte de ninguna conspiración o de algún interés oscuro para participar en ella. Bastaba con tres ingredientes: un mínimo imprescindible de creatividad para inventar las noticias falsas, conocimiento de cómo se distribuían por las redes sociales y, por último, unas tragaderas tales que te permitieran asumir que te ganabas la vida diseminando bulos y trolas.

Además de esta orgía *fake*, a partir de esos momentos nos dimos cuenta de que los problemas se agolpaban: no tardamos en percatarnos de que el uso intensivo de las redes era un factor esencial en la pérdida de atención generalizada y en los problemas de concentración que se vislumbraban, sobre todo entre los más jóvenes; vimos que esta nueva economía de la desintermediación nos ofrecía las mayores comodidades para la compra de productos, pero que, a la vez, destrozaba también el tejido comercial de unas ciudades cuyas arterias se parecían cada vez más las unas a las otras en una uniformidad regida por el *low cost* de las grandes marcas globales; también miramos con pereza cómo los periódicos se abrazaban a las estrategias SEO para no terminar de hundirse por la competencia atroz de Google y Facebook, y, finalmente, nos empezamos a preguntar por qué las plataformas sabían tanto sobre nosotros y dónde quedaba aquí nuestra privacidad.

Desde entonces, el número de voces críticas que exigen una respuesta a estos problemas aumenta del mismo modo que sube el tono de las denuncias. Los ciudadanos estamos saliendo del aturdimiento colectivo del que hemos sido víctimas por nuestra sobredosis de horas de pantallas y nos hemos percatado de que hay que regular las plataformas para controlarlas. Y no porque se haya apoderado de nosotros un espíritu intervencionista, sino en defensa propia, en defensa de nuestro modelo social de vida y en defensa de los derechos y libertades de los que gozamos como ciudadanos de democracias más o menos estandarizadas.

La proliferación de abusos, la visibilización de las consecuencias más tóxicas del modelo y la mayor toma de conciencia de los ciudadanos de los problemas de fondo que originan estas prácticas han provocado la respuesta de algunos de nuestros Estados nación. Una respuesta que, además, coincide en el tiempo con la llegada masiva de aplicaciones de inteligencia artificial que compiten por la atención de la que disfrutan las aplicaciones y servicios de la primera generación de naciones pantalla actuales y que obliga a estas a reaccionar posicionándose en ese nuevo mercado de las IA para no perder su liderazgo frente a los nuevos actores que pujan por el cetro de la IA generativa.

¿Tienen derecho las plataformas de ganar el dinero que ganan? Pues claro que sí. ¿Hay que exigirles que se atengan a unas reglas del juego que eviten los abusos evidentes que cometen? También. ¿Que eso atenta contra su modelo de negocio? Pues que lo cambien. También el esclavismo o el circo de los gladiadores eran unos negocios estupendos y a nadie se le ocurriría ahora reclamar nuestra libertad de poseer esclavos o de ver cómo unos cuantos cristianos se enfrentan en la arena circense a unos leones.

El velo se nos ha caído. Ahora ya no nos rendimos admirados ante los dispositivos que nos ponen por delante estas naciones pantalla. Les reconocemos cómo han mejorado nuestras vidas. Les damos el sitio que se merecen. Pero ya no pasamos por alto sus peores comportamientos ni pensamos remotamente que son víctimas de la voracidad de unos Estados democráticos que quieren controlarlos asfixiando su empuje y su creatividad. Las plataformas están perdiendo el relato que antes les permitía aparecer como los jóvenes brillantes que iban a cambiar el mundo sin pedirle permiso a sus mayores. Hoy, ya sabemos que ni ellos son tan angelicales ni los Estados son tan opresivos. Lo sabemos porque tienen un historial detrás imposible de ocultar, porque observamos y sufrimos los problemas que acarrea un modelo de negocio que vive de invadir nuestra privacidad y romper demasiadas reglas del juego, y, por qué no decirlo, porque, como verás en los siguientes párrafos, algunos de esos jóvenes que levantaron esta industria han terminado sintiendo miedo de lo que estaban creando y de los efectos que causaban sus invenciones.

III

LOS ARREPENTIDOS DE SILICON VALLEY

Tristan Harris es un exingeniero de Google, graduado en Ciencias de la Computación por la Universidad californiana de Stanford (en Silicon Valley) y también antiguo alumno del Laboratorio de Inteligencia Persuasiva de esta misma universidad. En este último centro, Harris, un genio de barba rojiza y aficionado a la magia desde niño, aprendió de la mano de B. J. Fogg todo lo que tenía que saber sobre psicología del comportamiento y sobre cómo podía utilizarse esta ciencia para desarrollar aplicaciones tecnológicas que se hicieran irresistibles para cualquier ciudadano que las usase con una cierta frecuencia.

Harris acabó trabajando en Google, en el desarrollo de su aplicación de correo electrónico, el Gmail. Al poco de empezar, Harris sintió que algo no iba bien. Estaba empleado en una de las mecas del mundo *tech*, pero se sentía incómodo con lo que hacía. Tenía la sensación de trabajar en una empresa cuyos productos convertían a sus usuarios en adictos a las aplicaciones que se les ofrecían en sus terminales, y que esta dependencia no era una cuestión casual, sino buscada: los ingenieros de Google, de cuya plantilla formaba parte, diseñaban herramientas con técnicas psicológicas similares a las que se usan en las máquinas tragaperras (un *feedback* de recompensa variable) para captar el mayor tiempo posible de atención de sus usuarios. «Quiero que os imaginéis lo que es entrar en una sala. Una sala de control, con un montón de gente, cien personas, cada uno en su escritorio y frente a una serie de mandos, y que esa sala de control modelará los pensamientos y los sentimientos de mil millones de personas. Quizá os suene a ciencia ficción, pero eso existe ahora mismo, hoy. Y lo sé porque yo, antes, trabajaba en una de esas salas de control».

Una tarde, después de volver al trabajo, Harris se sentó en su casa, encendió el ordenador y se puso a trabajar en un documento de Google Slides en el que alertaba a sus compañeros de los peligros que entrañaba la producción de aplicaciones tan adictivas y en el que llamaba a respetar a los usuarios de estas. El documento, de 144 diapositivas, se titulaba: *Una llamada a minimizar las distracciones y a respetar la atención de los usuarios,* y en él Harris explicaba que desde Google daban forma a «más de once mil millones de interrupciones en la vida de la gente todos los días» y los conminaba «a sentir la responsabilidad de hacerlo bien».

Harris envió su informe por correo electrónico a un grupo de trabajadores de la empresa de Mountain View. Al poco, el documento se había compartido ya entre muchos de ellos y algunos le manifestaron que apoyaban sus reparos sobre los métodos empleados por la compañía y el impacto que acarreaban. El informe llegó a manos de Larry Page, uno de los dos fundadores de la compañía, y Tristan Harris se vio trasladando sus inquietudes a altos ejecutivos de Google, quienes, en respuesta, le nombraron diseñador ético de productos de la empresa, un cargo con el que esta quería trasladar a su vez el mensaje de que Google era sensible a las advertencias de sus ingenieros sobre las consecuencias más tóxicas de sus productos.

¿Qué pasó después? Nada. Google utilizó una treta muy clásica en política que es la de crear una comisión o un observatorio para luego no hacer nada con ellas. Aparentó que algo estaba cambiando, a sabiendas de que no lo iba a hacer. Como si el gatopardo de Lampedusa hubiera cambiado Sicilia por Silicon Valley.

Harris abandonó la compañía tecnológica y, desde entonces, como un arrepentido de una organización de dudosa moralidad, se dedica a alertar a la opinión pública sobre los peligros del modelo persuasivo de Google y del resto de las industrias dedicadas a exprimir nuestra atención. Harris desempeña esta labor a través de su fundación, Time Well Spent (Tiempo Bien Invertido), y del Center for Humane Technology, una institución que reúne a profesionales de la industria que participan también de la idea de que las empresas tecnológicas que compiten en este supermercado de la atención emplean técnicas que logran sus propósitos a cambio de convertir a sus consumidores en adictos a las pantallas.

Los profetas de la disrupción, que nos prometieron una arcadia de felicidad y nos encadenaron a las pantallas de nuestros móviles con sus cargamentos de dopaminas, marcan nuestras vidas. Nos hemos enganchado a los productos de unos jóvenes con una visión clara de cómo cambiar el mundo a mejor, pero también jóvenes cuya conducta llevó al científico de datos de Facebook Jeff Hammerbacher a señalar que «es deprimente que las mejores mentes de nuestra generación estén pensando en cómo conseguir que la gente haga clic en los anuncios».

Estas naciones pantalla repiten lo que ya hacían antes los medios de comunicación tradicionales –la prensa, la radio y la televisión–, pero a una escala tan masiva, meticulosa y veloz que ha cambiado la faz de nuestras relaciones personales y profesionales. Ya podía antes decir McLuhan lo que le viniese en gana con aquello de que el medio es el mensaje y ya podíamos atiborrarnos nosotros con debates *conspiranoicos* sobre cómo los poderosos dominan los medios de comunicación para así controlar las opiniones públicas de las sociedades, que todo aquello parece hoy el final con fuegos artificiales de la feria de un pueblo en comparación con la dimensión de lo que estamos viviendo. Tristan Harris lo advirtió. Pero no es el único.

En el quinto capítulo de la serie de televisión que retrata el ascenso y caída de Travis Kalanick en la fundación de Uber se ve una escena en la que Emil Michael, vicepresidente de la compañía de aplicaciones de movilidad, sale de un coche en un desierto del sur de Estados Unidos y se acerca al ingeniero que desarrolla para ellos la tecnología necesaria para disponer de coches autónomos; un tipo espigado, delgado y con aire quijotesco llamado Anthony Levandowski. Su intención es despedirle para evitar que Google siga con la demanda contra Uber por el robo de datos confidenciales que habría perpetrado el propio Levandowski cuando se largó de Google para seguir su proyecto en Uber. En el momento en que Emil Michael llega a la altura del ingeniero, este, que se intuye el porqué de la visita, le espeta lo que piensa de que vayan a echarlo por algo tan *nimio* como no cumplir con las leyes vigentes: «Son gilipolleces y no las leyes de la naturaleza. Esos seres despreciables (Google) nos tienen a mí y a Travis (el fundador de Uber) como seres corrientes con esos estándares. La gente como Travis y yo podemos hacer del mundo un lugar mejor. Aplicar la moral convencional a las mentes más brillantes es una locura».

Quédate con esta última frase del guionista de la serie: «Aplicar la moral convencional a las mentes más brillantes es una locura». Y, ahora, con su traducción: ¿por qué tienen que soportar las luminarias tecnológicas de Occidente que se les apliquen las mismas reglas que al resto de los ciudadanos si estos cerebros privilegiados pueden traernos un mundo mejor si les damos la libertad que necesitan? ¿No sería mejor dejar que los mejores de entre los mejores exploraran ese nuevo mundo sin el corsé de unas leyes pensadas para cuando las únicas televisiones emitían en blanco y negro?

Alphabet, Meta, Amazon, X y tantas otras operan con un espíritu similar al del ingeniero Levandowski. Animadas por el aura transgresor de sus fundadores –chicos irreverentes que piensan *fuera de la caja*–, estas corporaciones revisten sus discursos de un espíritu de ruptura con lo establecido para dibujar un futuro en el que los seres humanos se librarán de las ataduras de las leyes anacrónicas y alcanzarán, gracias a sus creaciones, un estado de libertad próximo al nirvana. Pero como trabajan en el mundo real, a la vez que dibujan estos paraísos digitales invierten grandes presupuestos en contratar a empresas de relaciones públicas que defienden sus intereses ante las instituciones nacionales y transnacionales, porque saben que allí se están jugando el futuro de sus cuentas de resultados. Y los directivos que gestionan estas empresas procuran comparecer ante los organismos y comisiones de investigación y control de estos parlamentos y plenarios, y lo hacen con un estilo y un tono que se aleja de su imagen de *killers* tecnológicos a quienes les resbala lo que puedan decir los políticos que representan a esos Estados arcaicos empeñados en ponerles bolas de acero en los pies.

Necesitan dar una buena imagen y trasladar que ellos están con la gente.

¿Por qué? Pues porque su imagen de *killers* sin empatía se les ha vuelto en contra. ¿Te acuerdas de esa imagen que vimos en julio de 2020, todavía acongojados por el confinamiento global del covid-19, de algunos de los grandes gerifaltes de las tecnológicas compareciendo virtualmente ante una comisión del Congreso de Estados Unidos? Cuatro tipos que cambiaron nuestro mundo desde sus despachos de Google, Amazon, Apple y Facebook se presentaban ante un grupo de congresistas norteamericanos que investigaban posibles prácticas propias de oligopolios. Se trataba de Sundar Pichai, Jeff Bezos, Tim Cook y Mark Zuckerberg. Y en esta era en la que se interpreta cualquier imagen y gesto, la forma en la que aparecieron vestidos para ser interrogados llamó la atención sobre el momento complicado que estaban viviendo. Representaban una industria que declaraba sus intenciones hasta con sus indumentarias de adolescentes o veraneantes de alguna playa surfera de California o de Tarifa; sin embargo, ese día las sudaderas se quedaron en el armario. Los cuatro fantásticos de la Costa Oeste estadounidense vestían con chaquetas oscuras y camisas blancas bien planchadas y adoptaban un rictus de sobrecogimiento alejado de la arrogancia propia de quienes no piden permiso para descubrir un nuevo mundo. Los congresistas no interrogaban a jóvenes transgresores capaces de renovar todas las industrias que se les pusieran por delante, sino a ejecutivos entrados en la madurez que defendían sus posiciones oligopolísticas con la vehemencia de los líderes alfa obsesionados con marcar sus propias reglas del juego y esquivar las de los otros.

Detente en las palabras que dirigió Jeff Bezos a los congresistas norteamericanos: una pieza de orfebrería discursiva donde se percibía el trabajo de trastienda en cada una de sus frases. El dueño de Amazon puso en escena un texto de cuatro mil palabras en el que empezaba hablando de cuando su madre, entonces una niña de diecisiete años de edad, se quedó embarazada de él y de cómo quisieron echarla de su colegio de Alburquerque, en el estado de Nuevo México. Mencionaba a su padre adoptivo, Miguel, elogiando su tenacidad y determinación. Y también describía sus veranos con sus abuelos para terminar diciendo que sus orígenes explicaban el que se hubiera convertido en un inventor de garaje. A partir de ahí, narraba la fundación de Amazon y cómo su obsesión con la experiencia del cliente llevó a esta a ser lo que es ahora. Luego se explayaba con unas cuantas loas a la contribución de Amazon al bienestar de miles de minoristas que colaboran con ellos, colando entre idea e idea unas cuantas historias personales como la de una vendedora de artículos de regalo llamada Sherri Yukel o la de la empleada Patricia Soto. Al final de su intervención, entraban ganas de darle a Jeff Bezos un par de Premios Nobel, uno de ellos como prohombre de la humanidad. Pero también de decirle lo siguiente: vale, sí, eres un máster del universo que ha nacido de las cenizas texanas. Tu historia nos conmueve. Y la de tus compañeros, lo mismo. Pero a lo que vamos: más allá de endilgarnos tus apasionantes relatos de vida, ¿se puede saber qué vais a hacer para arreglar los problemas que vosotros mismos habéis provocado?

James Williams, otro ex de Google que ha engrosado la familia de los arrepentidos de Mountain View, sostiene que lo importante de lo que pasó en esa comparecencia no es el resultado de las investigaciones, sino el mismo hecho de que tuvieran que dar explicaciones a los representantes de los ciudadanos. Los mandamases tecnológicos habían pasado demasiado tiempo actuando como los reyes feudales de sus nuevos territorios, con derechos ilimitados, y ahora tenían que responder frente a los representantes de los ciudadanos de Estados Unidos y también frente a los de las asambleas parlamentarias de otros países igualmente preocupados por la deriva de estas naciones pantalla.

El politólogo Moisés Naím vaticina en su libro *La revancha de los poderosos* que el poder de estas plataformas tecnológicas, aun siendo enorme, tiene fecha de caducidad. Ha ocurrido con anterioridad y volverá a pasar, según Naím:

> Al igual que Standard Oil y las empresas de la red telefónica Bell tuvieron que disolverse, parece muy probable que las empresas tecnológicas de hoy se vean obligadas a abandonar de-

terminados mercados, a desprenderse de parte de sus filiales y a vender empresas que compraron para reforzar las trabas comerciales y consolidar su hegemonía. Los gigantes tecnológicos seguirán siendo grandes y poderosos, pero menos que en sus primeros decenios de existencia. Otras empresas que aún no han nacido desafiarán a las ya consolidadas y conquistarán una cuota de mercado mayor a costa de las que hoy dominan el terreno. Y nuevas empresas ganadoras en China, de una escala y una capitalización equiparables a las de sus rivales estadounidenses, pondrán cada vez más en peligro a los gigantes tecnológicos establecidos. Las empresas nuevas, la competencia extranjera, un mayor activismo contra los monopolios, unas normas más estrictas y una imparable innovación tecnológica son factores que imponen límites a los líderes del mercado desde hace generaciones y resulta razonable pensar que sus efectos centrífugos en la concentración empresarial determinarán el poder de esas grandes compañías.

La obsesión por cumplir con sus accionistas puede acelerar este proceso que se definiría mejor con el concepto de la «autodestrucción de las plataformas», una suerte de decadencia que ofrece sus primeras señales. Este proceso seguiría una secuencia temporal como la que describe el periodista Cory Doctorow en un artículo publicado en su página personal y que titula «The "Enshittification" of TikTok»[1], que en español se traduciría como algo así: «TikTok se va a la mierda». En el artículo, reproducido hasta la viralidad por revistas, páginas y perfiles del sector tecnológico, se alude al proceso de degradación de esta red social y se describe un patrón general de comportamiento de las redes en el que, en primer lugar, estos canales logran productos que satisfacen las necesidades de sus usuarios, luego estos ponen por encima los intereses de los anunciantes antes que el de sus usuarios y, más tarde, exprimen a sus anunciantes para seguir rindiendo beneficios para sus accionistas, hasta que llega un día en el que la

---

[1] C. Doctorow, «The "Enshittification" of TikTok», 23 de enero de 2023, disponible en [https://www.wired.com/story/tiktok-platforms-cory-doctorow/].

red social se ha degradado tanto y ha abusado tanto de sus usuarios que estos se largan y la red languidece hasta morir. Un bucle tóxico en el que la caída es acusada y rápida.

Muchos usuarios de las redes hemos visto este proceso y damos fe. En menos de una década, Facebook ha adquirido el aspecto de una teletienda de las madrugadas de las televisiones generalistas, Instagram se ha llenado de anuncios y Twitter (ahora X) se ha transformado en un santuario alocado y errático donde se rinde culto a la imagen mística de Elon Musk (hoy desatado con su matrimonio de conveniencia con Donald Trump y su ascensión al cargo de consejero aúlico del presidente norteamericano). Y, salvo excepciones, estas corporaciones han demostrado una falta de empatía con el cuerpo social que quizá sigan sin pagar en sus cuentas de resultados, pero que, a medio y largo plazo, pueden ser letales para su reputación y para sus futuros intereses.

Hay multitud de ejemplos para avalar esta suposición, pero el más notorio es de nuevo el de Facebook y el de su líder, Mark Zuckerberg. En 2010, la compañía Miramax estrenaba en las salas de cine la película de David Fincher *La red social*. En ella, se cuenta la historia de un tipo de una inteligencia extrema, una facilidad innata para la programación informática y una mirada visionaria sobre el modo en el que internet estaba cambiando la manera de entender nuestro modo de relacionarnos y de hacer negocios. El tipo que se describía era todo eso y también alguien con un déficit empático que rozaba lo patológico. El protagonista de la cinta, el actor Jesse Eisenberg, captaba la profundidad de matices de una personalidad tan compleja como la del protagonista de la historia. La película cosechó buenas críticas y taquillas, y también consolidó la imagen de asocial de la persona real en la que se basaba el guion: Mark Zuckerberg, el dueño entonces de Facebook y, hoy, también de Instagram y de WhatsApp. Una década y pico después, la imagen pública de Zuckerberg se acerca a la que ya se mostraba en la película. Quiere mostrarse familiar y cercano, pero sigue desprendiendo una imagen glacial.

El principal accionista y ejecutivo de esta red social ha mostrado en estos años una escasa sensibilidad cuando Facebook se ha defendido de las acusaciones de uso fraudulento de los datos de sus usuarios y de permitir que se utilicen sus cuentas para la distribución masiva de noticias falsas y de discursos de odio. Esto le ha causado una crisis reputacional, pero no sería honesto si afirmara que los ciudadanos han dado la espalda a Facebook porque los haya defraudado con actuaciones que oscilan entre lo ilegal y lo inmoral. Si su uso ha caído es, en primer lugar, porque el segmento de población más joven ha calificado esta red social como «la que usan mis padres y hasta mis abuelos» y se han mudado con sus wifis a cuestas a Instagram, TikTok, Twicht y YouTube. Y, en segundo lugar, porque la empresa dueña de Facebook, Meta, ha centrado su futuro, y así se lo ha dicho a la opinión pública con la grandilocuencia de quien ha encontrado el camino para un mundo feliz, en la explotación de su realidad virtual, el metaverso; promocionado como el hábitat ideal del *homo digital* pero que, de momento, y en esto hay que ser prudente, es poco más que un entretenimiento menor en el que te pones unas gafas para sentir que estás escalando una montaña del Himalaya desde la comodidad de tu dormitorio.

Facebook no cae, pues (y hasta es discutible lo de que caiga), porque haya demostrado ser una empresa depredadora, sino porque muchos de sus usuarios se han mudado a otras plataformas donde se lo pasan mejor y porque la apuesta de Meta por la realidad virtual (12.000 millones de dólares de inversión al año) no le está saliendo como se esperaba. Pero la mala reputación sí que le persigue de otra manera, pues viene seguida de una legislación que ataca los problemas que causan las empresas o sectores que han dejado de ganarse la confianza de su comunidad por su comportamiento. Y, en esto de la reputación, a Meta no sólo le ha caído encima el problema causado por el escándalo de Cambridge Analytica, sino también las confesiones de sus propios arrepentidos. Entre ellos, la directora de Integridad Cívica de la compañía, la ingeniera Frances Haugen, quien abandonó la empresa después de fotocopiar y pasar a la Comisión de Bolsa y Valores de Estados Unidos y al periódico *The Wall Street Journal* más de 22.000 documentos internos de la compañía, que desvelarían cómo la empresa de Zuckerberg siempre habría antepuesto la cuenta de resultados a cualquier daño *colateral*, ya fuese la autoestima de las adolescentes que usan Instagram como su medidor de inseguridades o fuese la solidez de las democracias, atacadas por malhechores que han usado los muros de Facebook para distribuir discursos de odio y un bucle infinito de bulos políticos.

Haugen, que cursó una gira en 2023 por las principales instituciones públicas de Estados Unidos y Europa, repite como un mantra la idea de que Facebook, «tal y como es ahora, perjudica a los niños, inflama la división política y debilita la democracia». En una entrevista en el diario *El Mundo* para promocionar su libro *La verdad sobre Facebook*, se explaya en su visión sobre el negocio central de la factoría Zuckerberg:

> Facebook moldea por completo nuestra percepción del mundo a través de un algoritmo que decide la información a la que accedemos. Incluso la minoría que no usa redes se ve impactada por la inmensa mayoría que sí lo hace. Una empresa con una influencia tan salvaje sobre tanta gente –sobre sus pensamientos, sus sentimientos y sus conductas más íntimas– requiere un control estricto por parte de las autoridades. Me da igual si los algoritmos son públicos o privados: lo crucial es que sean transparentes. Una analogía clara son las listas de morosos: aunque muchas sean privadas, tenemos el derecho a acceder a ellas y modificar los datos que sean erróneos. El algoritmo tiene un poder sobre nosotros muy superior, un poder abrumador, así que deberíamos tener el derecho a conocer todo lo que sabe sobre nosotros, cómo lo utiliza y modificar lo que no nos interesa.

Lo que más temen Zuckerberg y los suyos es que los Gobiernos hagan caso de estas denuncias y les impongan medidas que resquebrajen su modelo de negocio. La denuncia de 41 de los estados norteamericanos contra Meta presentada en un tribunal de California por usar una tecnología en Instagram que genera adicción entre los niños es un buen ejemplo de esos temores. El documento, escrito y firmado por los fiscales generales de esos estados, describe a una empresa insensible que está dispuesta a lo que sea para enganchar a las personas desde edades muy tempranas con técnicas que podrían considerarse delictivas.

Su otro gran hermano de correrías digitales, Google, comparte la misma preocupación. Como a Meta, a Google le asusta la presión regulatoria de los Estados y por eso contrata a las mejores firmas de abogados, lobistas y relaciones públicas de Washington y de Bruselas para la defensa de sus intereses corporativos. Su negocio se basa en la explotación de los datos y en la convicción de que cualquier nueva regulación restrictiva puede reventar la manera de hacer dinero para sus accionistas. Así que se revuelven para exigir a los representantes públicos de los distintos Parlamentos, Gobiernos y comisiones parlamentarias que les permitan seguir operando del modo en el que lo han estado haciendo estos últimos años. Con las cosas del comer no se juega. Y las plataformas prefieren hacer acto de contrición y mostrarse como entusiastas defensoras de la privacidad, celosas defensoras de la intimidad de sus usuarios y proactivas en la defensa de los derechos de estos últimos, antes que reconocer su incapacidad para domar al monstruo que han creado.

Me paro ahora por un momento en la pelea de Google con el Gobierno de Estados Unidos durante la Administración del demócrata Joe Biden, el cual no escondió su interés en romper el cuasimonopolio del buscador. La Administración norteamericana buscaba acabar con una situación que vulnera las opciones del consumidor de tener un mercado de ofertas competitivo (Google lo controla casi todo en este negocio), pero la dueña y matriz de la compañía, Alphabet, se resistió a dejar un negocio en el que ha ganado tanta cuota de mercado porque lo ha hecho mucho mejor que sus competidores. El razonamiento es evidente: si hay libre mercado y otros compiten, ¿por qué vamos a castigar al que lo hace mejor? Pues porque no se trata de *castigar* al que se ha hecho con una cuota de mercado tan extraordinaria, ni se denuncia que Google o que Facebook sean inmensas páginas de subastas de anuncios o que Amazon se haya quedado con gran parte de los mercados en los que opera. Es el mercado. Y ellos hacen lo suyo extraordinariamente bien. Lo que se denuncia son las malas prácticas que se emplean para ganar dinero en esas pujas de publicidad programática, con intromisiones masivas en la privacidad de las personas y con un efecto devastador para la salud mental de millones de personas y para la salud política de las sociedades. Y lo que se advierte es que no podemos seguir mirando para otro lado mientras estos gigantes siguen creciendo hasta «independizarse» de las naciones en las que desarrollan sus negocios. Las naciones pantalla no son zonas francas colmadas de privilegios a cambio de las innovaciones que nos ofrecen. Muchas de ellas han demostrado que aquí no vale ni la autogestión ni la contención. Si no se las acota, te montan una república independiente en menos de lo que te imaginas. Y, en esa república, ellos dictan las reglas, se las saltan cuando quieren y nosotros nos limitamos a disfrutar de sus contenidos como autómatas sin derecho a réplica.

Timnit Gebru, exingeniera etíope de ética en Google, recela de las buenas intenciones de esta:

> Es su estrategia para generar toneladas de dinero y centralizar el poder. Es como lo de la carta firmada por 1.200 investigadores pidiendo una pausa en el desarrollo de la IA. Nosotros no apoyamos esa carta. Y el motivo es evidente. ¿Por qué Elon Musk, el mayor millonario del mundo, que ha invertido cientos de millones en sistemas de IA, de repente pide una moratoria? La IA se ha ido moviendo en el mismo ciclo cada cinco o diez años. Primero dicen que va a ser apocalíptica y luego que nos va a traer un mundo utópico. Es como ha venido operando la gente al frente de todo esto durante al menos las dos últimas décadas. Te hacen pensar que han creado un sistema tan potente y mágico que da miedo, lo pintan casi como un dios. Eso te distrae de fijarte en los problemas más mundanos, como robar datos, la privacidad o la explotación de trabajadores. Así funcionan, te hacen pensar en los productos mágicos que están creando y no en las leyes que están quebrantando.

Gebru sostiene que empresas como Meta, Google, OpenAI o Microsoft están perpetrando un robo masivo de datos y también que alimentan discursos de odio con impunidad. «Solemos centrarnos en Facebook cuando hablamos de moderación de contenidos, pero YouTube es un canal muy usado también y al que apenas se presta atención en este contexto. Clubhouse, TikTok, Telegram… Todas estas redes se usan para propagar mensajes de odio con impunidad. Estoy tratando de ver qué cosas tangibles podría hacer en este campo que sean de ayuda».

Su tono es sombrío, pero su actitud no es tan expeditiva como la de Jaron Lanier, programador y autor del ensayo *Diez razones para borrar tus redes sociales de inmediato*, quien proclama en cada ocasión que puede la necesidad de salirse de las redes sociales para evitar el baño de toxicidad de unos modelos de uso que buscan modificar nuestra conducta para tenernos enganchados a sus dispositivos. Su explicación valdría de inicio para cientos de debates en los Parlamentos, en las televisiones, en las mismas redes y en los tribunales: «Si alguien obtiene una recompensa –ya sea en forma de consideración social positiva o de un caramelo– cada vez que hace algo específico, tenderá a hacerlo más. Cuando la gente recibe una respuesta halagadora a cambio de publicar algo en las redes sociales, adquiere la costumbre de publicar más a menudo. Esto parece algo relativamente inocente, pero puede ser el primer paso hacia una adicción que acabe siendo un problema tanto para los individuos como para la sociedad».

Lanier acuña un término, en un artículo publicado en *The New Yorker,* con el que se refiere a la solución que encuentra a este asunto y que va más allá de la provocación de señalar que hay que salir pitando de las redes sociales. El programador señala que la clave está en la *data dignity*, en la dignidad del dato; es decir, el respeto por los datos personales y, en consecuencia, el establecimiento de unas nuevas reglas del juego tanto para este sistema en el que ahora se ofrecen servicios gratuitos de redes sociales y de búsquedas a cambio de datos privados como para el nuevo paisaje en el que los humanos conviviremos con los algoritmos del mismo modo que lo hemos hecho con el petróleo o el carbón. Lanier hace, además, la siguiente predicción: iremos a un nuevo capitalismo *online* en el que pagaremos suscripciones por los servicios, pero, a cambio, brindaremos mejor nuestros datos personales y estos serán más respetados. En fin. Ojalá que Lanier no sea víctima de esta suerte de optimismo antropológico.

Todos estos hombres y mujeres de los que te he hablado aquí coinciden en haber pasado por las tecnológicas y por haber tomado conciencia de los peligros que causa un mal uso de las distintas herramientas y dispositivos que se ponen en manos de los usuarios y de la corrosividad de un modelo de negocio como el de la programática, que es la que causa que todas estas empresas se devanen los sesos para engancharnos a sus contenidos y nos tengan absortos en las pantallas de nuestros móviles y ordenadores. Ninguno de ellos es un tecnófobo. De hecho, todos ellos siguen trabajando de algún modo en torno a la industria o a organizaciones de la órbita de las tecnológicas. Pero también todos tienen en común que han pedido a la sociedad un tiempo muerto en nuestra relación con las naciones pantalla, un tiempo para repensar nuestra relación con ellas y para que estas, a su vez, revisen también sus modelos de negocio.

Si me tuviera que quedar con una sola idea después de la lectura de sus testimonios, sería básicamente que ya no podemos seguir como estamos. Ya es imposible ponerse de perfil ante un modelo tan nocivo. Podemos frivolizar sobre el asunto, restarle importancia, entender que las alertas sobre sus consecuencias son excesivas o defender que es injusto poner el acento sobre estas herramientas sin contar todo lo bueno que nos ofrecen y sin precisar que el problema no está en ellas, sino en el uso que hacen algunas empresas. Pero es mejor que dejemos nuestra ingenuidad guardada en el congelador durante un buen tiempo. Los discursos buenistas en esta materia pueden acabar muy mal. Esto no va de que se hayan producido situaciones dolorosas que hay que asumir en favor de unos sistemas de innovación abierta que han cambiado para bien nuestras vidas, sino de hacer frente a unos modelos de negocio que son depredadores de nuestra atención, que hurgan en las esferas más privadas de nuestras vidas en busca de datos y que muestra un desinterés profundo por las reglas del juego que rigen nuestras democracias, nuestros sistemas de comercio y nuestros medios de comunicación.

No nos pueden vender como paradigma del progreso lo que no deja de ser un colosal sistema de extracción de nuestros datos para venderlos en las mayores pujas de subastas de la historia. Yo, como devoto del optimismo digital, podría pasarme páginas y páginas describiendo las cosas buenas que nos han ofrecido estas empresas, pero sería un lerdo, un frívolo o algo peor si no te advirtiera también de los efectos tan tóxicos que generan aquellas compañías que han descubierto que la publicidad personalizada les puede hacer inmensamente ricos si dejan a un lado sus reparos morales. Gebru, Lanier, Williams, Haugen o Harris tuvieron sus reparos y se salieron del sistema. Igual nosotros tenemos que hacer lo mismo en la medida de nuestras posibilidades si queremos que esto cambie.

IV

EL LAVADO DE MANOS S. A. DE LAS TECNOLÓGICAS

> La alta tecnología funciona el triple de rápido que las empresas normales. Y la administración pública funciona el triple de lento que las empresas normales. Así que nuestro ritmo es nueve veces mayor que el del Estado. Por eso, lo que nos interesa es asegurarnos de que los Gobiernos no estorban y no ralentizan las cosas.
>
> Eric Smichdt, ex-CEO de Google.

Las plataformas no se paran a pensar en si los contenidos que publican en su seno son ciertos o falsos o si son vejatorios, amenazantes, agresivos, humillantes o divisivos. Les da igual si los partidos políticos extreman sus posturas para reafirmarse ideológicamente y sueltan acusaciones sin fundamento, o si algunos de sus seguidores propagan bulos o mensajes cargados hasta arriba de bilis. Y no se sienten concernidos cuando los ponen en el punto de mira como coautores de la destrucción de la atención entre los más jóvenes. Lo que quieren es ganar dinero. Y por eso no responden de lo que se dice o de lo que pasa dentro de sus muros. Ellos ponen el campo de juego, pero no se responsabilizan si sus usuarios se matan allí mismo, si se retan a duelo para cuando salgan de su cuenta social o si se cargan la confianza que necesita cualquier democracia para sobrevivir.

Las plataformas se escudan en que son herramientas a disposición de los usuarios, que ellos son quienes hacen el uso que consideran oportuno de ellas y que, en consecuencia, ellos son responsables de sus actos digitales, del mismo modo que lo son de lo que hagan fuera de las pantallas. Como cuenta Shoshana Zuboff en su ensayo sobre el capitalismo de la vigilancia, este amparo legal es el que permite subir críticas negativas en Tripadvisor o el que facilita que grandes como Google, Facebook o X eludan la responsabilidad de lo que se aloja en sus servidores. Este permiso ha derivado en una barra libre universal aprovechada por los interesados en distribuir toneladas industriales de noticias falsas y de discursos de odio que, por su fuerte carga emocional, se viralizan con más facilidad que otros contenidos, aun a costa de enturbiar el medio ambiente de la conversación pública.

Las naciones pantalla necesitan eximirse de responsabilidad para no cargar con los efectos colaterales de la manga ancha en la difusión de los contenidos que han desplegado. Pero su argumento se debilita cuando lo ponemos en comparación con la responsabilidad que contraen los editores de cualquier otra publicación o, por poner un ejemplo distinto, la que se impone a los propietarios de cualquier local en el que se vaya a celebrar un acontecimiento. ¿Acaso no tienen una responsabilidad los editores y directores de un medio de lo que se publique en él? ¿Y no tiene la misma el dueño de una sala de conciertos cuando programa la actuación de un grupo musical? ¿Por qué, entonces, hay que aceptar que Alphabet o Meta, a diferencia de los ejemplos anteriores, no tengan responsabilidad de lo que se publique en sus territorios de actuación?

Las demandas presentadas ante el Tribunal Supremo de Estados Unidos contra YouTube/Google por los familiares de Nohemí González, una de las víctimas de los atentados de París del 30 de noviembre de 2015, y contra Twitter por los familiares de una de las víctimas de un atentado en una discoteca de Estambul, en el que murieron 39 personas durante una fiesta de Nochevieja de 2016, nos sitúan de nuevo ante esta cuestión:

¿Podemos entonces responsabilizar a estas plataformas por lo que se publica en ellas? ¿Podemos llegar al punto de acusarlas de permitir, por ejemplo, algo tan serio como la difusión de mensajes violentos de organizaciones terroristas? Mira, creo que aquí lo que está en juego es la interpretación de un artículo que ha sido determinante para dar carta blanca a la expansión de las naciones pantalla. Se trata del artículo 230 de la Ley de Decencia en las Comunicaciones de Estados Unidos, que pretendía establecer unas reglas del juego que permitieran el desarrollo de la entonces incipiente herramienta de internet. Este texto decía lo siguiente: «Ningún proveedor o usuario de un servicio informático interactivo será tratado como editor o difusor de información facilitada por otro proveedor de contenidos informativos».

Ya habrás entendido el porqué de la inclusión de este párrafo. El legislador, seguido luego por los de otros países, entendía que si no incluía una acotación sobre hasta qué punto llegaba la responsabilidad de los proveedores de servicios de internet, esta nueva herramienta que se asomaba a las pantallas se ahogaría entre cientos de demandas millonarias y nunca lograría despegar, impidiendo la innovación y frenando la revolución tecnológica en ciernes. Este párrafo, por tanto, se entendió como una salvaguarda de la libertad en internet y un freno para quienes han querido poner cortapisas a las plataformas. Y, bajo estas premisas, ha logrado sus fines, a la vez que abría la puerta a que estas tecnológicas relajasen el control sobre los contenidos que se publicaban en sus canales, con todo lo que esta carta blanca ha significado después en manos de unos directivos que han priorizado sus cuentas de resultados por encima de los intereses generales de sus ciudadanos.

Si quieres saber lo que piensa Google, aquí tienes el testimonio de Lisa Blatt, la abogada de Google en el primero de los juicios mencionados:

> El Congreso tomó esa decisión para impedir que las demandas judiciales asfixiaran internet en sus inicios. El resultado ha sido revolucionario. Los innovadores abrieron nuevas fronteras para que el mundo compartiera información infinita, y los sitios web necesariamente eligen, seleccionan y organizan qué información de terceros ven primero los usuarios. Exponer a los sitios web a la responsabilidad por recomendar implícitamente contenidos de terceros desafía el texto y amenaza la internet de hoy.

Esta no es sólo la admonición de una jurista que defiende los intereses de una gran corporación frente a la demanda de una familia que ha perdido a su hija en un atentado terrorista, sino una advertencia real: internet se ha construido desde la libertad y los avances consustanciales a su desarrollo durante los últimos treinta años nos han permitido vivir mejor. Si nos cargamos el modelo, podemos también cargarnos el modo en el que hemos evolucionado y en el que lo seguiremos haciendo. ¿Eso es lo que queremos?

Hagamos ahora de abogados del diablo de las naciones pantalla. ¿Nos están ustedes diciendo entonces que las tropelías, abusos, infamias, falacias y demás detritus que circulan por las redes, y que en tantas ocasiones dañan la salud mental de las personas, son sólo daños colaterales que hay que asumir en nombre del progreso de la humanidad? Pero ¿en qué cabeza cabe que el progreso de la humanidad hurte la responsabilidad de quienes supuestamente nos ayudan a ir más rápido por esas autopistas del progreso? ¿Significa esto que hay que aguantarse en pro de los avances?

Pues no. Los certificados de impunidad que se han concedido a sí mismas las tecnológicas para convertir sus espacios en parques temáticos para traficantes de bulos y de insidias tienen que ser revisados. Y quienes tienen que revisarlos son los Estados y las instituciones supranacionales. No por someter a estas compañías al imperio de la ley, que también, sino por achicar los coladeros por los que se esparcen estas mentiras.

V

LOS GAMBERROS TECNOLÓGICOS SE HAN HECHO MAYORES

Marc Andreessen, cofundador de uno de los primeros navegadores web de la historia, Mosaic, impulsó en octubre de 2023 la redacción de un manifiesto *tecnoptimista* que declaraba lo siguiente: «Estoy aquí para compartir buenas noticias. Podemos avanzar hacia una forma de vivir y de ser muy superior. Tenemos las herramientas, los sistemas, las ideas. Tenemos la voluntad. Es hora, una vez más, de izar la bandera tecnológica. Es hora de ser tecnoptimistas».

Andreessen es un partidario entusiasta del aceleracionismo efectivo, un movimiento con amplia repercusión en Silicon Valley que defiende que la innovación tecnológica sin restricciones es la solución a muchos de los problemas más complejos a los que se enfrenta la humanidad. No te extrañe todo esto. Este aceleracionismo no es nuevo. Está en el ADN del emprendimiento tecnológico en la Costa Oeste de Estados Unidos. De hecho, las tecnológicas han defendido siempre que ellas van por delante de los Estados en su apuesta por el desarrollo de herramientas que mejoran la calidad de vida de los ciudadanos: son más rápidas, ágiles y flexibles. Por esta razón, y siempre según su criterio, no pueden ser tratadas como si fuesen empresas decimonónicas que responden con propuestas analógicas a los retos de la sociedad actual como si esta siguiera siendo industrial. Los Estados, prosiguen, no le pueden poner puertas al campo de internet y del nuevo parque digital. Nos estamos jugando tanto para dar un salto de calidad en las vidas de los ocho mil millones de habitantes del planeta que sería una irresponsabilidad frenar estos avances por suspicacias tan *anacrónicas* como las de la privacidad de nuestros datos o el uso tóxico que puedan hacer algunos usuarios de los dispositivos que están ahora al alcance de la mayoría de los humanos. Sería, por decirlo de alguna manera, como si hubiésemos prohibido los coches por los accidentes de tráfico.

Bajo este prisma, la pandemia de desatención, la crispación de la conversación pública, la erosión de la confianza en las instituciones, la inundación de *fake news* o la precarización de centenares de sectores de trabajo, como el del periodismo o el del pequeño comercio de proximidad, serían males menores que habría que pagar a cambio del disfrute ilimitado de las herramientas más extraordinarias que haya podido tener entre sus manos un ser humano. Todo aquel que no compre el discurso de las tecnológicas pasa a ser un nostálgico, cuya ceguera pretende poner freno a una revolución que deja muy atrás otras innovaciones, como la de la invención de la imprenta, la del descubrimiento de la penicilina o la de la puesta en marcha de los sistemas de alcantarillado que frenaron la proliferación de enfermedades infecciosas en las grandes ciudades.

Esta suerte de fatalismo tecnológico nos exige aceptar todo lo que pueda llegar de unas compañías que han decidido que los piratas del territorio son siempre los otros. Y nos lleva al marco mental de las tecnológicas, en el que se nos muestran dos mundos en contraposición: uno, el de las naciones pantalla, que representa el futuro, la innovación, el progreso y la eficiencia por encima de todo; y otro, el de los Estados nación, presos de los valores ya anacrónicos de la Ilustración y de la era industrial. Los que innovan frente a los que sólo nos quieren controlar mediante la regulación. Los chicos irreverentes en sudadera y encapuchados y calzados con zapatillas deportivas que quieren cambiar el mundo, frente a esos tipos con problemas de próstata que se duermen en sus sofás. El futuro frente al pasado. La perfección al alcance de nuestra mano gracias al uso cada vez más ajustado de la inteligencia artificial, frente a la imperfección del ser humano y sus artefactos institucionales, esas herramientas rancias que supuestamente frenan el progreso.

Las naciones pantalla tenían antes buena prensa. Quienes advertían sobre sus excesos no pasaban de ser cascarrabias del siglo XX industrial que no se adaptaban a la nueva realidad digital, nostálgicos de la era analógica a quienes los había atropellado la llegada del cambio social en la era de las pantallas táctiles. Las plataformas eran atractivas, adictivas, jóvenes, rompedoras y frescas. Un mundo nuevo que se abría paso entre los rescoldos del viejo. Aire de la montaña frente a la naftalina de los armarios de nuestras abuelas. Y atraían con la pericia de un ilusionista a las grandes masas dispuestas a disfrutar de la herramienta más entretenida que jamás habían tenido en su poder. Estar en Facebook era *cool* antes de ser una cosa de maduros que dejaron atrás las fiestas de sus cincuenta cumpleaños. Google era una empresa de jóvenes irreverentes que habían venido al mundo a hacer el bien, como ejemplificaba ese primer eslogan corporativo de «*Don't be evil*» («no seas malvado»), con el que nos querían hacer ver que ellos estaban en el lado bueno de la historia. Amazon sólo quería que no tuvieras que esperar tanto para leer ese libro que no encontrabas en las librerías. Twitter sólo quería saber qué estaba pasando. WhatsApp se usaba para preguntarle a tu hijo por dónde andaba y poco más. Y YouTube era el bazar donde lo podías encontrar todo. Representaban el papel de los que cambian el mundo desde su inconformismo.

Estas plataformas llegaron a su mayoría de edad mostrándonos su lado más agresivo; hurgando en nuestra privacidad; obsesionándose con nuestra atención; rompiendo las cadenas de valor de todos los sectores que se les pusieran por delante, ya fuesen la industria de la música, del cine, de la televisión, de los deportes, de los viajes, del transporte de mercancías, de las relaciones amorosas; y aceptando que se usasen sus canales para la expansión de discursos de odio, noticias falsas y manipulaciones. No podemos quedarnos impávidos, cambiar de canal o pasar a otra página de la pantalla como si esto fueran menudencias o problemas que se nos escapan.

Los profesores Daron Acemoğlu y James A. Robinson describen en un ensayo *Por qué fracasan los países* el fracaso de las sociedades ante las elites extractivas de los recursos públicos. Hoy, los herederos de esas elites se matan entre sí por hacerse con el control de las nuevas tierras digitales. Lo hicieron por el poder de la tupida red de araña de los millones de páginas web que se crearon desde finales de los noventa, luego se volvieron a enfrentar por el poder de los motores de búsqueda y de las redes sociales, y ahora lo están haciendo por ver quién se hace con la mejor posición del mercado en el uso de los chats conversacionales de inteligencia artificial. Por cada avance, un litigio. Pero con el mismo paisaje de fondo de siempre. La disputa por el dinero de la publicidad programática que les permite a esos señores feudales de las tecnológicas hacerse con un poder omnímodo que desafía a los Estados y quiere imponer sus propias leyes en un *mundo feliz* que está más cerca de los escenarios de *El show de Truman* o de *Minority Report* que de esa arcadia de *likes* y metaversos que nos han prometido.

Los entusiastas acríticos de la religión de las plataformas defienden que conceptos como los de derechos humanos, libertad de expresión y los del resto de las libertades y garantías civiles sobre los que pivotan las constituciones de los Estados modernos no son derechos fundamentales cuya protección esté por encima del derecho a prestar servicios que nos proporcionan mejoras, facilidades y placeres como nunca habíamos visto. Si, por ejemplo, Google rastrea en nuestros datos personales a cambio de mostrarnos cuánta gasolina vamos a consumir si viajamos de Sevilla a una playa de la costa de Huelva, asumimos que perdemos algo de privacidad a cambio de la comodidad de que, con sólo echarle un vistazo a la pantalla de nuestro móvil, sepamos el coste del carburante que consumiremos y el tiempo que tardaremos en desplazarnos. Y lo mismo vale tanto para una cuestión tan menor como esta como para asuntos más trascendentales como el de la protección de nuestros datos de salud o el de nuestras preferencias políticas, sociales o sexuales.

Los datos no tienen memoria ni pasado, pero quienes los usamos, sí. Esta arquitectura de derechos y deberes articulada en torno a las normas que regulan nuestra convivencia no son vestigios del pasado que se eliminan para evitar las interferencias emitidas en nuestro camino hacia un mundo tan perfecto como somatizado. Debemos rechazar este ejercicio de *datawashing* que hacen las naciones pantalla. La fiesta de la libertad digital también requiere de reglas. Y una de ellas es que no se puede abusar de la confianza de los usuarios para convertirlos sin su permiso en productos comerciales, destinados a ser el objetivo de cientos de avisos publicitarios.

Los evangelizadores tecnológicos pueden predicar la buena nueva que quieran, pero su trayectoria les delata. Las irregularidades que hemos descubierto en los últimos años obligan a las administraciones a ser beligerantes en la protección de los derechos de sus ciudadanos. Y a no desviarse del asunto. Las tecnológicas quieren que parezca que el debate es sobre la inteligencia artificial o sobre los *big data*. Y no. Aquí la discusión no está en esos elementos que definen este paso adelante de la transformación digital acelerada que nos ha tocado vivir, sino en los efectos más perjudiciales de la que ya, ahora, estamos viviendo; un sistema en el que las tecnológicas ganan dinero insertando anuncios y para lo que necesitan millones de visitas a sus páginas.

Las distopías de un mundo gobernado por robots siguen siendo territorio de las películas, las series y los libros, pero empezamos a ver realidades que nos parecían imposibles. Conversamos con *bots* que nos asombran y usamos estas máquinas como si fueran humanos a los que exprimimos sin necesidad de ofrecerles ni un contrato ni cotizaciones a la Seguridad Social. Si siguiéramos por esta senda, ahora que la IA se ha hecho fuerte en las tiendas de aplicaciones de Google y de Apple, terminaríamos reflexionando sobre quién controlará a quién cuando las máquinas depuren tanto sus procesos que se asemejen a los humanos; pero, de momento, este debate pertenece a la ciencia ficción, la cual está muy bien para consumirla y fantasear sobre con qué sueñan los androides, pero que tiene un encaje menor en un texto como este.

Lo que nos interesa aquí es que nos paremos a pensar en cómo la combinación de los excesos de estas corporaciones y nuestro mal uso de estas herramientas ha acabado en una destrucción de parte del mundo que conocíamos y su sustitución por otro en el que hemos pasado a ser unos productos cuyo destino es el de consumir todos los anuncios posibles, sin atender a los efectos perjudiciales de esta práctica tan extractiva y caníbal.

De esto último te voy a hablar a continuación. Sigue adelante y dime si te sientes identificado con lo que voy a contarte a partir de ahora.

EL PRIMER PECADO

LA VIOLACIÓN MASIVA DE NUESTRA PRIVACIDAD

VI

¿POR QUÉ VENDES TU INTIMIDAD POR UNA RACIÓN DE ENTRETENIMIENTO?

> Es una paradoja. La gente es consciente de que se tiene que preocupar de la privacidad, pero luego no lo lleva a la práctica. Es una combinación de factores. Pero uno fundamental es que tenemos un consumidor al que le hemos hecho adicto usando técnicas perfectamente diseñadas y documentadas para obligar a estar enganchado accediendo, refrescando, comentando, actualizando… En definitiva, generando datos. Esto es una máquina tragaperras en la que queremos que la gente venga constantemente a echar monedas. Una vez haces eso, el problema es hasta qué punto, siendo conscientes de que comer chocolate en abundancia es malo, somos capaces de quitarnos de ello. La inmediatez es lo que nos engancha.
>
> Paloma Llaneza, abogada experta en datos y autora del ensayo *Datanomics,* en una entrevista para *El Confidencial* en 2019

En 2018, la compañía de Mark Zuckerberg puso un botón en los muros de su primera red social mediante el cual los usuarios podían descargarse toda la información personal que tuviera Facebook de ellos. La decisión se tomó tras saberse que una empresa británica, Cambridge Analytica, había usado datos personales de más de 83 millones de estadounidenses extraídos de Facebook para usarlos en favor de la campaña de Donald Trump para las presidenciales norteamericanas de 2016. Yo fui uno de esos usuarios que aprovechó para ver qué sabía Facebook sobre mí. Y lo que vi fue un buen resumen de mi vida durante los diez años anteriores, incluyendo una larga lista de números de teléfono. Nunca le había dado a Facebook un solo número que no fuera el mío; sin embargo, allí estaban todos los teléfonos que yo usaba. Facebook tenía mi agenda telefónica. Fue pensarlo y darme cuenta de mi error de partida: no es que yo no le hubiera dado mis números a Facebook. Lo que había ocurrido es que no le había dado conscientemente mi listín de teléfonos, pero se lo había proporcionado en alguna de las ocasiones en las que me había descargado alguna aplicación para instalarla en el teléfono móvil y había entrado en esa aplicación a través de Facebook. Había abierto una puerta a mi privacidad y la plataforma había entrado allí a hacer su negocio como lo hace con el perfil de cientos de millones de personas.

Es nuestro día a día. La profesora asociada de Filosofía y Ética de la Universidad de Oxford Carissa Véliz describe en su libro *Privacidad es poder* un día en la vida de una mujer de mediana edad que vive en un entorno urbano; una jornada en la que los movimientos de esta mujer son monitorizados desde todos los ángulos por compañías que convierten cada acción en un dato susceptible de utilizarse para pulir su perfil como compradora de los productos que venderán a través de sus canales o de terceros. Véliz no dibuja el retrato distópico que uno se espera en alguna serie de Netflix o de HBO, sino que se limita a apuntar lo que hace una persona y a contarnos cómo se entrometen estas empresas en su esfera más privada. La lectura que se hace después de leerla es que *Black Mirror*[1] habita ya entre nosotros.

La profesora Véliz acierta cuando afirma que «tenemos que asegurarnos de que las empresas encuentren formas de obtener beneficios que no pasen por la destrucción de aquello que valoramos» y también cuando subraya que estas empresas sólo reaccionarán si asumen que sus actos afectan a sus cuentas de resultados. Y prosigue:

> Quienes defienden la publicidad personalizada dicen que los usuarios sólo ven los anuncios que les importa y las empresas afinan el tiro. ¿Pero cuál es el precio que pagar? Que a las mujeres no se les muestren anuncios de empleos bien pagados, que la democracia se esté erosionando porque se manda propaganda política personalizada que no podemos comentar entre nosotros porque vemos diferentes cosas... Si ese es el precio,

---

[1] La conocida serie de Netflix que retrata en cada episodio distopías relacionadas con el avance tecnológico.

no merece la pena. Y tampoco está claro que sea beneficioso. Para hacer anuncios contextuales de zapatos no necesito saber cómo te llamas, si tienes hermanos, si padeces depresión, si eres gay o el partido que votas, sino que me digas qué tipo de calzado buscas. La evidencia muestra que los anuncios personalizados tienen un efecto, pero limitado. Más o menos añaden un 4% a las ventas, pero ese anuncio cuesta un 98% más de lo que costaría un anuncio de otro tipo. Así que parece que estamos perdiendo mucho a cambio de muy poco o nada[2].

En una entrevista en el diario argentino *Clarín,* Nick Srnicek, profesor de Economía Digital del King's College de Londres, se fija en el asunto central de por qué estas plataformas huyen de la privacidad como de la sarna: amenaza con reventarles el mejor de los negocios:

> La publicidad digital es la fuente de ingresos de muchas de estas empresas, también es el motor de la vigilancia y la recopilación de datos para muchas de estas empresas. Entonces, la razón por la que estas empresas están tratando de obtener cada vez más datos sobre las personas y vigilar cada vez más nuestras vidas es simplemente porque eso permite una publicidad mejor dirigida, permite mejores ingresos, y eso permite mejores resultados, los resultados finales de sus informes trimestrales. Creo que esa es la cuestión fundamental, al menos en el tema tecnológico actual. El mundo tecnológico actual es que estas empresas están impulsadas, por la naturaleza de sus modelos de negocio, a ignorar la privacidad, recopilar cada vez más datos sobre nosotros y crear más y más modelos de vigilancia. Básicamente, esto no ha sido abordado por ningún tipo de regulador hasta el momento, y creo que eso realmente necesita ser más analizado[3].

---

[2] M. G. Pascual, «La privacidad es colectiva, como el medioambiente. Si no cuidas tus datos, otros sufren las consecuencias», *El País,* 27 de noviembre de 2020, disponible en [https://elpais.com/retina/2020/11/27/talento/1606484799_921538.html].

[3] J. Fontevecchia, «Nick Srnicek: "Las 'plataformas austeras' surgen por el desempleo que produjo la crisis de 2008"», *Perfil,* 8 de septiembre de 2023, dis-

Te hago ahora algunas preguntas:

¿Estás dispuesto a sacrificar tu privacidad a cambio de herramientas tecnológicas que te hacen más fácil la vida, no sólo en el terreno del entretenimiento y el ocio, sino en asuntos capitales como los de la salud o los de la educación de tus hijos? ¿Y quieres reclamar a las naciones pantalla los mismos controles que les exigimos a un médico o a un abogado, muy regulados estos últimos tanto por las administraciones como por sus propios colegios profesionales y sus códigos deontológicos? ¿Quizás algo que vaya más allá que un juramento hipocrático adaptado a las redes y a los motores de búsqueda? Las naciones pantalla viven de predecir nuestro comportamiento y empaquetarlo para su venta a los anunciantes. Y para afinar su modelo, quieren conocer todo de nosotros. Nosotros se lo podemos dar a cambio de las ventajas que nos ofrecen con sus productos. Pero tiene que haber un límite a su voracidad.

Hasta ahora, esto de la programática y de las subastas en tiempo real de los anuncios ha sido lo mismo que ponerle a Hannibal Lecter un buen trozo de carne humana delante de sus narices: una tentación imposible de resistir para unas grandes plataformas como Google y Facebook, que han encontrado en estos modelos las mayores vías de ingresos que haya podido tener jamás una empresa no petrolera. ¿Cómo se van a echar atrás por algo tan vetusto para ellas como es el derecho a la privacidad? Las naciones pantalla han entendido que la privacidad es un concepto añejo, una antigualla que no puede frenar el espíritu innovador de sus empresas. Si te voy a mejorar la vida, apuntan, no me puedes parar por una concepción decimonónica de la protección de tus datos. Las tecnológicas piensan que la privacidad es un estorbo. Su modelo de programática muere con la protección de la privacidad, y por eso los directivos de las tecnológicas sufren arcadas cuando alguien la esgrime para poner en duda sus modos de actuación.

---

ponible en [https://www.perfil.com/noticias/periodismopuro/nick-srnicek-las-plataformas-austeras-surgen-por-el-desempleo-que-produjo-la-crisis-de-2008-por-jorge-fontevecchia.phtml].

Con la privacidad, además, ocurre como con los documentales de las televisiones públicas, que todo el mundo dice verlos, pero que languidecen con índices de audiencia famélicos. La mayoría de nosotros cree en la privacidad, pero apenas se preocupa por ella, salvo que sea violada de una forma flagrante o cause un daño muy perceptible. José María Álvarez-Pallete, expresidente de Telefónica, sostiene que «nunca aceptaríamos que el cartero leyera nuestras cartas, pero aceptamos que un algoritmo o la inteligencia artificial lea nuestros *emails*»[4]. Somos una contradicción ambulante que toma decisiones sobre su privacidad. Y es difícil comprender por qué estamos haciendo lo que hacemos, como advierte el profesor de Innovación de la IE Business School Enrique Dans:

> Que alguien pueda pensar, a estas alturas, que es buena idea autorizar nada menos que a Meta para que conozca sus datos de salud y pueda intentar venderle productos milagro o pseudocuras para el cáncer; que acceda a tu información financiera y te quiera colocar fraudes en los que afirma que personas a las que siguen están ganando millones cada día; o que utilice tu lista de contactos para tratar de convencerte desesperadamente de que cometas los mismos errores que ellos, es una parte del funcionamiento del cerebro humano que nunca alcanzaré a comprender[5].

¿Qué nos pasa entonces? ¿Por qué somos nosotros mismos quienes le damos la llave de nuestra privacidad al primero que nos la pida? Apúntate estos posibles factores que explicarían el harakiri de nuestra privacidad:

---

[4] «José María Álvarez-Pallete (Telefónica): "Aceptamos como individuos cosas en el mundo digital que nunca aceptaríamos en el mundo físico"», disponible en [https://www.lasexta.com/metafuturo/jose-maria-alvarezpallete-telefonica-aceptamos-como-individuos-cosas-mundo-digital-que-nunca-aceptariamos-mundo-fisico_20221124637f47bf2d34b10001ccd141.html].

[5] E. Dans, «Lanzamiento de Threads: a ver si engañamos a unos cuantos idiotas más...», en su blog personal www.enriquedans.com, disponible en [https://www.enriquedans.com/2023/07/lanzamiento-de-threads-a-ver-si-enganamos-a-unos-cuantos-idiotas-mas.html].

1. La prioridad que le damos a disfrutar de la herramienta por encima de cualquier otra consideración. Nos gusta mucho lo que vemos en ellas y no queremos que nadie nos diga que la fiesta es menos legal de lo que parece y que hay que pensar en cortar la luz para que se acabe. Primero, disfrutamos; y luego, pensamos en sus efectos secundarios y no tan secundarios.

2. La convicción de que, si no aceptas estas condiciones de uso, las prestaciones de la herramienta serán menores y no le sacarás todo el beneficio que te promete a un solo clic de distancia. Nos da miedo perdernos todo lo que nos pueden ofrecer. Es el efecto Momo en su máxima expresión. Y no reparamos en que muchas veces estamos por estar, enganchados de forma voluntaria en una rueda sin sentido alguno.

3. La utilización de contratos de uso de estas aplicaciones con la letra pequeña más farragosa de todos los tiempos. Te habrá pasado que hasta la más meticulosa de tus amistades se rinde ante contratos ilegibles destinados a desanimar a su lectura. Yo mismo soy un ejemplo de lo que te acabo de decir. Le doy a aceptar a tantas aplicaciones sin leer sus condiciones de uso que, cualquier día de estos, firmaré mi apoyo a los holocaustos caníbales y no me daré ni cuenta. No hay mentira mayor que cuando clicamos en la casilla que dice que hemos «leído y aceptado las condiciones del servicio». Firmamos lo que se nos pone por delante sin pensar en las consecuencias o porque pensamos que no las tiene. Y no es así.

4. El desconocimiento sobre el uso real de nuestros datos. Ni se nos ocurre pensar que nuestros datos más íntimos pueden subastarse en el supermercado de la publicidad programática y volver a nuestras vidas en forma de anuncios dispuestos a vendernos los productos que, ya es casualidad, teníamos ganas de comprar esos mismos días. Si nos alertan, nos escandalizamos. Y, al minuto, cogemos el móvil de nuestro bolsillo y seguimos navegando en busca de una recompensa en forma de *like* o de viralidad.

5. La percepción de que las grandes compañías tecnológicas siempre van un paso por delante de los Gobiernos y de nosotros cuando se trata de capturar los datos de los usuarios, y de que tampoco pasa nada por eso. Como si tuviésemos que aceptar con resignación que vigilen todos nuestros movimientos si con eso nos sigue saliendo gratis entrar en Instagram o en la red que se acaba de poner de moda entre mis amigos.

El caso de Roomba, *prima hermana* de Alexa, Google Home y otros dispositivos diseñados para ayudarnos en nuestros hogares, ilustra sobre la voracidad de las tecnológicas en su afán por saber todo sobre nosotros. A finales de 2022, se publicó una noticia sobre una imagen de mala calidad, pero lo suficientemente nítida como para vislumbrar la figura de una mujer sentada en la taza de un váter y con los pantalones bajados. La *fotógrafa* que robó esa instantánea era un robot que se dedicaba a limpiar todos los rincones posibles de los hogares de quienes se decidían a comprar este electrodoméstico. La *autora* era una aspiradora de la marca Roomba[6]. Y la causa de que esta grabase imágenes era que se estaban utilizando estas máquinas para recopilar información sobre sus usuarios gracias a las grabaciones que hacían esos mismos dispositivos.

Las imágenes de la señora en el retrete y al menos otros 14 vídeos grabados de ciudadanos en sus casas de Estados Unidos, Alemania, Japón, España y Francia fueron encontrados por una reportera del *MIT Tecnology Review,* Eileen Guo, en Facebook y en la página de Discord de Google[7]. Y quienes subieron esas imágenes a las redes y a los motores de búsqueda

---

[6] M. G. Pascual, «Por qué este vídeo de una mujer en el váter grabado por una Roomba no será el último que veamos», *El País,* 7 de enero de 2023, disponible en [https://elpais.com/tecnologia/2023-01-07/por-que-este-video-de-una-mujer-en-el-vater-grabado-por-una-roomba-no-sera-el-ultimo-que-veamos.html].

[7] E. Guo, «A Roomba recorded a woman on the toilet. How did screenshots end up on Facebook?», *MIT Technology Review*, 19 de diciembre de 2022, disponible en [https://www.technologyreview.com/2022/12/19/1065306/roomba-irobot-robot-vacuums-artificial-intelligence-training-data-privacy/].

fueron trabajadores venezolanos que se dedicaban a etiquetar estas imágenes para ir entrenando a la inteligencia artificial que permite que estas aspiradoras sean electrodomésticos aún más pendientes de las necesidades personales de cada uno de sus potenciales usuarios.

Imagínate ahora que algunos de los electrodomésticos que mejoran tu calidad de vida monitorizan cada uno de tus movimientos. Qué sé yo: el teléfono inteligente que te has puesto en tu muñeca izquierda, el teléfono móvil que se está cargando en tu mesita de noche o el contador de electricidad que ya es capaz de fijar qué habitación de tu casa está encendida en cada momento de las 24 horas del día. Si buscamos una mejora de los servicios sanitarios, públicos o privados, que velan por la salud de nuestros ciudadanos, podríamos pensar en lo interesante que es que se abra la posibilidad de que alguno de estos sistemas domóticos avise a tu centro de salud de que presentas síntomas de sufrir un problema y que, a continuación, alguna de las mañanas siguientes, un operador del sistema sanitario te llame para ofrecerte una cita en el centro médico o que recibas un SMS en el teléfono inteligente avisándote de que te pases por el ambulatorio a chequear tu estado de salud.

El sistema se entrometería en nuestras vidas privadas, pero por un buen motivo. Si yo estuviera en esa situación y mis electrodomésticos y otros aparatos me alertaran a tiempo de que me está pasando algo que requerirá de mi paso por el taller, pasaría el resto de mi existencia ofreciendo mi cariño a la aspiradora o al microondas que me salvó la vida. Ahora bien, si este mismo electrodoméstico avisa a mi compañía de seguros y esta piensa que ya no le interesa mantenerme entre sus clientes o que debería renegociar el contrato que nos une, porque ha descubierto gracias a estos dispositivos que ya no soy un cliente atractivo para ella, entonces esa misma aspiradora, microondas o altavoz inteligente pasaría a ser «esa puñetera cosa a la que yo no le he dado el permiso para hurgar en mis datos más íntimos». Y, por cierto, si se lo he concedido, esa aceptación no es válida, como no lo es, en una sociedad democrática, que alguien firme un documento en el que renuncia a sus derechos y acepte convertirse en esclavo del otro firmante del acuerdo. Hay derechos que son irrenunciables. Y este de la privacidad debe estar entre ellos.

He puesto este ejemplo de nuestra salud, pero quiero que lo compares con situaciones similares ligadas a nuestros empleos, a la educación de nuestros hijos, a los automóviles que compramos o los viajes que realizamos. Llegas un día a un concesionario y el vendedor te mira como si fueras un kamikaze de las carreteras comarcales sin que tú sepas que está ya informado, antes de que cruces la puerta de la tienda, de tus veleidades al mando de un coche. O te encuentras con que tu currículum no te sirve para encontrar un empleo digno porque tu aspecto, el color de tu piel o la dirección del barrio en el que vives han servido para excluirte de la selección laboral.

Todo se clasifica en internet. Nosotros, los primeros. Y no es malo por sí mismo. La jerarquización es clave en la búsqueda de información en la sociedad del conocimiento. Se trata de ordenar el caos que producen las avalanchas infinitas de información que circulan por la red. Pero cuando los seres humanos nos convertimos en una mercancía más y lo que se busca es saber lo máximo de nosotros para predecir nuestros comportamientos y mejorar nuestro valor como producto, incluso aunque nosotros no hayamos querido hacer públicos determinados datos, la cuestión cambia y nos preguntamos, como en la canción de Consuelo, «pero por qué, por qué, por qué quieres tú saber mi vida privada».

VII

EL PAN Y CIRCO DEL *DATA PARTY* TIENE FECHA DE CADUCIDAD

> Les hablo desde Silicon Valley, donde algunas de las empresas más prominentes y prósperas han hecho negocio convenciendo a sus clientes de que cedan con despreocupación sus datos personales. Engullen todo lo que pueden sobre ustedes e intentan monetizarlo. A nosotros nos parece una indecencia. Quizá les gusten esos supuestos servicios gratuitos, pero nosotros no creemos que valga la pena que hurguen en los datos de su correo electrónico, de su historial de búsqueda y ahora incluso de sus fotos familiares y que los vendan sabe Dios con qué propósito publicitario. Y creemos que algún día los clientes lo terminarán viendo con claridad.
>
> Tim Cook, CEO de Apple, en el discurso en la cena anual de la EPIC (el Centro de Información de Privacidad Electrónica).
> Texto citado en el capítulo 28 del libro de Tim Wu
> *Comerciantes de atención*

Yo quiero las ventajas que me ofrecen estas compañías tecnológicas. Y acepto que se entrometan en mi vida. Pero sin abusos. No es lo mismo facilitar tu dirección de correo electrónico y permitir que algunas empresas sepan determinados aspectos sobre ti que asumir que eres un producto al que hay que monitorizar en todo lo que hace, tanto en el hogar como fuera de él, para así poder bombardearte con ofertas publicitarias. En ese mundo feliz, ya no se venden sólo productos, bienes o servicios; se venden usuarios, y uno de esos eres tú.

Las tecnológicas se comportan como el adolescente que se rebela contra su responsabilidad porque no quiere que venga la policía a cerrarle la fiesta y cortarle el rollo, sobre todo cuando este los convierte en los señores más poderosos del planeta, con permiso de los dirigentes iliberales de los Estados que siguen merendando gracias al petróleo que mana de su subsuelo. Pero el asunto da para pocas discusiones más. Estamos ante un negocio que requiere espiar nuestra privacidad para sacar el máximo jugo posible a nuestros datos personales. Cuanto más saben de nosotros, más dinero generan. Y esa tentación es irresistible.

Pero se vislumbran cambios. Este *data party* tiene fecha de caducidad. Y quienes se están dando cuenta de que este camino de la extracción masiva de millones de datos personales y privados tiene menos recorrido del que algunos se piensan son precisamente algunas de estas grandes tecnológicas. ¿Por qué? Porque saben que está llegando el momento en el que los propios usuarios vuelvan a ejercer de ciudadanos y a exigir que no se violente su privacidad con la misma naturalidad con la que se compra el pan o se saluda a un amigo. Hay un cierto despertar de nuestra conciencia crítica. Una toma de conciencia de que un sistema que se basa en la monitorización de todos los pasos de nuestra vida cotidiana no puede mantenerse como hasta ahora, que hay que ponerle una fecha de caducidad. Y hay, dentro de la industria, quien piensa que es mejor que esa fecha se la pongan ellos mismos antes que esperar a que se la dicten los Gobiernos de las naciones donde operan.

En este contexto es en el que hay que entender giros como el de la empresa fundada en 1976 por Steve Jobs, Steve Wozniak y Ronald Wayne: Apple. Tim Cook, CEO actual, abandera ahora que la privacidad no sea una simple palabra gastada. Apple ha decidido facilitar a los usuarios de sus *smartphones* la opción de no permitir que se rastreen los datos que usen durante su navegación a través del teléfono móvil. Lo sabrás ya si tienes un iPhone encima y entras en una web o te descargas alguna aplicación de su tienda. De inmediato, te sale un icono en el que se te pregunta si permites que tal o cual página rastree tus datos y te da la opción de impedirlo. Seguramente no tardarás ni un segundo en clicar en la casilla de «no permitir». La empresa de la manzana mordida permite así a sus clientes tener una experiencia de usuario más privada, con el consiguiente enfado de las empresas que viven de la programática, entre ellas la misma Meta.

¿Por qué? Sin rastreo, no hay ventas. *No data, no party.* Si no se logran obtener los datos de navegación más personales, estas empresas no pueden ajustar los anuncios que venden en sus subastas. Les falta el aire que necesitan para que su máquina funcione.

Los de Cupertino no son seres celestiales que han visto la luz. Tal vez su decisión resida en el interés de hacerse con una parte mayor del negocio de la publicidad, cercando a una competencia que necesita estar en sus pantallas; pero más allá de cuáles sean sus intenciones reales, estamos ante un hecho que ofrece más garantías de privacidad a los compradores de sus dispositivos.

Para entender la evolución sobre la protección de la privacidad en los directivos de Apple, me gustaría que compararas un par de discursos de graduación, ambos pronunciados en la Universidad californiana de Stanford, ambos dirigidos a los potenciales cachorros que ingresarán en empresas de Silicon Valley y ambos protagonizados por los máximos ejecutivos de Apple de cada uno de esos momentos: Steve Jobs y Tim Cook.

El primero de ellos, pronunciado en 2005 por Jobs, es una pieza que engancha a quien la escucha: historias y emociones que motivan a una audiencia entregada que persigue sus sueños. El emprendedor que puso los cimientos del imperio de la manzana mordida desde un garaje desafiando las mentes de los chicos y chicas que salían al mundo desde sus facultades californianas. Y también el alegato de quien piensa que el mundo es de quienes rompen las reglas para crear algo nuevo y mejor. La esencia del valle que concentra las mejores mentes del planeta. El sueño americano condensado en 14 minutos. Y el mayor ejemplo de referencia del «si quieres, puedes» y del «persigue tu sueño»… sin referencias a la privacidad de los usuarios de Apple.

El segundo, ofrecido por su sucesor, Tim Cook, es de 2019 y es igual de inspirador: «Sed diferentes y cread algo valioso». Pero también es más responsable. Por primera vez, uno de los grandes directivos de la industria introduce un par de conceptos que hasta entonces parecían proscritos: el de la responsabilidad y el de la necesaria protección de nuestra privacidad. Te paso unos cuantos párrafos de ese discurso y dime si no estamos ante un cambio de paradigma:

> Últimamente, parece que a esta industria se la conoce mejor por una innovación menos noble: la creencia de que puedes llevarte el mérito sin aceptar las responsabilidades. Lo vemos cada día, con cada fuga de datos, con cada violación de la privacidad, con cada vez que apartan la vista ante discursos de odio. Con las noticias falsas que envenenan nuestra conversación. Con las falsas promesas de milagros a cambio de una simple gota de sangre. Hay demasiada gente que cree que las buenas intenciones nos absuelven de las consecuencias dañinas. Pero lo que construyes y lo que creas define quién eres. Es una chaladura tener que decir esto en voz alta, pero, si creas una factoría del caos, no puedes eludir la responsabilidad por ese caos. Hacerse responsable de algo implica tener el valor de pensar a fondo en las consecuencias. Y en pocas áreas es tan importante esto como en lo que respecta a la privacidad. Si aceptamos como algo normal e inevitable que todo en nuestras vidas pueda ser agregado, vendido o incluso filtrado si hay un hackeo, entonces estamos perdiendo mucho más que simples datos. Perdemos la libertad de ser humanos. Pensad en lo que está en juego: todo lo que escribimos, todo lo que decimos, cada tema, curiosidad, pensamiento suelto, compra impulsiva, momento de frustración, de debilidad, queja, lamento, cada secreto compartido en confianza… En un mundo sin privacidad digital, incluso aunque no hayas hecho nada mal excepto pensar diferente, empezarás a autocensurarte. No del todo, al principio. Sólo un poquito, y luego otro poco. A arriesgar menos, a esperar menos, a imaginar menos, a osar menos, a crear menos, a intentar menos, a hablar menos, a pensar menos. El efecto paralizador de la vigilancia digital es profundo, y alcanza todo. En qué mundo pequeño y sin imaginación acabaríamos. Irónicamente, es el tipo de mundo que habría acabado con Silicon Valley incluso antes de su nacimiento. Necesitamos algo mejor. Os merecéis algo mejor.

La periodista de tecnología Marta Peirano, autora del ensayo *El enemigo conoce el sistema*, nos advierte[1] que estamos normalizando que las plataformas espíen nuestros comportamientos:

> Hemos normalizado que las empresas nos espían. Y, de hecho, como no queremos dejar de usar las tecnologías y los servicios que nos espían, buscamos justificaciones para seguir usándolas, con comentarios del tipo: «bueno, tampoco nos espían tanto» o «será mentira»… que es un poco lo que hacíamos antes con los cigarrillos. Es decir, sabemos que fumar da cáncer desde finales de los años setenta y, sin embargo, hemos seguido fumando hasta que lo han prohibido en casi todos los sitios, diciendo que, bueno, en mi familia no hay cáncer, esto sólo le pasa a la gente que además de fumar hace tal otra cosa, o yo es que fumo Nobel y no fumo Marlboro y entonces me voy a salvar… Con la privacidad en internet hacemos lo mismo: «Y a ellos qué más les da, si yo no digo nada interesante, qué les pueden interesar mis datos». Cuando en realidad hasta cierto punto es cierto, nuestros datos individuales en sí no valen tanto, lo que pasa es que colectivamente estamos generando algo que luego nos perjudica como sociedad, como estamos viendo en Hong Kong o estamos viendo en Chile. El problema es que cuando queremos ejercer nuestros derechos civiles no podemos, porque no podemos renunciar a unos derechos sin renunciar a todos los demás, están todos enlazados; si renuncias a tu derecho a la privacidad, estás renunciando a tu derecho a la libertad de expresión, aunque tú no lo entiendas.

Ya no podemos esperar más tiempo para blindar nuestra privacidad. Y no sólo dependemos de lo que podamos hacer por nuestra cuenta, cambiando contraseñas y huyendo del rastreo de nuestros datos. No estamos ante una situación en la que haya

---

[1] A. Castellano, «Marta Peirano: "Si renuncias a la privacidad estás renunciando a tu derecho a la libertad de expresión"», facua.org, 27 de febrero de 2020, disponible en [https://facua.org/consumerismo/marta-peirano-si-renuncias-a-la-privacidad-estas-renunciando-a-tu-derecho-a-la-libertad-de-expresion/].

que entregar nuestra privacidad porque no se le deban poner puertas al campo del progreso. Estas puertas son más necesarias que nunca. Las vulneraciones de nuestra privacidad atacan la raíz de nuestra consideración de ciudadanos, destrozan el contrato social que nos liga como miembros de una comunidad que respeta los derechos y libertades individuales y nos conducen a un escenario distópico de control de nuestras vidas que hay que rechazar de pleno.

O regulamos o nos regulan, pero no los Estados, sino estas naciones pantalla cuyo poder es omnímodo y que se comportan como los primeros ministros de nuestras vidas, grandes hermanos que vigilan lo que hacemos, pensamos y sentimos. Y es bueno que nos metamos en la cabeza que la privacidad no es una camiseta que te pones unas cuantas veces y que luego guardas en un armario. Es parte de nuestra vida y hemos aceptado que haya sido vulnerada de una manera abusiva.

Hoy, con la lección aprendida después de tantas agresiones a nuestra intimidad, es hora de mirar de frente al asunto. Salvo algunos mesías de la religión del *zuckerbergismo,* los directivos de estas tecnológicas se resignan a vivir una etapa de mayor control desde lo público y prefieren llegar a acuerdos con las administraciones antes que iniciar guerras cuya victoria no tienen garantizada. Es momento para *kissingers* tecnológicos con más sentido estratégico que ardor guerrero. Y es el tiempo también de los grandes acuerdos de las entidades supranacionales y estas compañías multinacionales. Un tiempo para el acuerdo entre las naciones modernas y las naciones pantalla, en cuyo enunciado principal se pueda leer: «No violarás la privacidad de tus clientes. ¿Me puedo fiar de que vas a cumplir?».

EL SEGUNDO PECADO

LA PANDEMIA DE DESATENCIÓN Y DISTRACCIÓN

VIII

¿TE PARECE NORMAL ESTAR TAN DISTRAÍDO?

> El impacto de las redes sociales es evidente. Son empresas que ganan dinero captando tu atención y ofreciéndote un chorro infinito que te aturde. El algoritmo va aprendiendo de ti y se hace cada vez más eficaz para mantenerte enganchado. Pasé mucho tiempo en Silicon Valley entrevistando a las personas que diseñaron estas cosas y lo explican con tal crudeza que al principio parece que esconden algo. Su único objetivo, admiten, es hacer un producto lo más efectivo posible para que pases más y más tiempo enganchado. Eso es todo. Lo dicen con una sonrisa. Igual que a los directivos de Kentucky Fried Chicken lo que les importa es que la gente vaya a sus restaurantes a comer cuantos más cubos de pollo frito mejor, a los responsables de estas empresas de Silicon Valley lo único que les importa es adueñarse de tu atención el mayor número de horas posible. Y son increíblemente buenos haciéndolo.
>
> Johann Hari, autor de *El valor de la atención. Por qué nos la robaron y cómo recuperarla*

En Londres, Nueva York y otras ciudades anglosajonas se ha hecho común entre quienes se toman unas cervezas después del trabajo practicar el *phone stacking*[1], que consiste en apilar los teléfonos de las personas en el centro de la mesa del bar en el que se encuentren. Quien se acerca primero a buscar su celular para consultar su teléfono paga la cuenta de todos al camarero del pub. Es un buen incentivo para «aparcar» el móvil y disfrutar de una conversación sin las interrupciones de las notificaciones o de los vistazos al WhatsApp. Y también es un buen

---

[1] «3 sencillas ideas para mantener los teléfonos fuera de la mesa estas fiestas», BBC News Mundo, 30 de diciembre de 2019, disponible en [https://www.bbc.com/mundo/noticias-50947411].

indicador de nuestro cuelgue digital. Estamos atrapados por el influjo embriagador de nuestros terminales, que capturan nuestra atención y nos hacen vivir más entretenidos, pero también más concentrados en ellos y desconectados físicamente de los demás. Nuestra mirada se ajusta a la duración de los vídeos, los memes, las fotos y las historias que consumimos. Ponemos nuestra aplicación de música en el teléfono y ni terminamos de escuchar las canciones. Somos adictos al *scroll* que practicamos en nuestras pantallas, dependemos del móvil para nuestras horas de ocio y este abuso nos causa un deterioro generalizado en nuestra capacidad de atender y de concentrarnos.

¿Te parece una idea cercana? Es porque ya hemos normalizado que en una conversación de amigos se produzca un silencio porque todos estamos viendo el móvil en el mismo momento. Te pongo un ejemplo clásico, una escena que ya hemos asimilado, la de que un grupo de amigos se reúna en la terraza de un bar, delante de unas cuantas cañas, aceitunas y refrescos, y que, en un momento determinado, todos ellos sin excepción se pongan cabizbajos a mirar sus móviles, pendientes de las últimas *stories* de Instagram o de las notificaciones que les llegan a sus pantallas. ¿Exagero? Recuerdo una imagen real que se me grabó en la mente. A finales de agosto de 2023, estaba con mi mujer, Fátima, y mis dos hijos, Julia y Álvaro, en una terraza de Cracovia situada a los pies del río Vístula y con un ambiente muy agradable y desenfadado, con decenas de hombres y mujeres de todas las edades que aprovechaban las buenas temperaturas de finales de agosto en el sur de Polonia para tomarse una cerveza o un refresco. Junto a nosotros se sentó un grupo de ocho jóvenes polacos que rondaría de media los dieciocho años. Durante la hora que permanecieron en la terraza, seis de ellos pidieron una cerveza y tres se dedicaron a vapear con sus dispositivos simuladores de cigarrillos. Apenas hablaron entre sí. En ese intervalo de tiempo, se mostraron absortos delante de sus pantallas y prácticamente sólo se dirigieron la palabra y miraron a los ojos al acercarse los móviles los unos a los otros para que estos vieran alguna que otra foto. En un momento dado, cuando el grupo se acercó a la barra a pedir sus consumiciones, quedaron sólo dos jóvenes sentados (un chico y una chica), pero ni aun así se dirigieron la palabra entre ellos. Al cabo de esa hora de estancia, se levantaron y se fueron.

¿A que no hace falta irse al otro extremo de Europa o a las antípodas para darnos cuenta de que esto no es normal pero sí habitual? El embelesamiento en torno a los móviles es global. Pero comportarse como zombis reunidos alrededor de nuestras terminales no es un símbolo de modernidad, sino un comportamiento de adictos a las pantallas y al sonido de nuestras notificaciones, una actividad que hemos normalizado, pero que en unos años será descrita como una pandemia que sustituyó la del tabaco sin que descubriéramos que había que hacer con los móviles lo mismo que con las cajetillas: ponerles la advertencia de que su uso es muy peligroso para nuestra salud y que no basta con jugar al *phone stacking* para desengancharse de ellos.

Ted Gioia, periodista cultural, firma un artículo en su *newsletter* en el que advierte que estamos pasando de una sociedad de la cultura a otra del entretenimiento, y de esta a otra que podríamos denominar la sociedad de la distracción. El placer dopamínico de la sucesión infinita de vídeos de 10, 15 o 20 segundos y de mensajes cortos y compulsivos de nuestras redes sociales nos impide concentrarnos en nada más que en lo que va pasando por delante de nuestras pantallas. Ya casi no vemos series sin consultar el WhatsApp o sin echarle un vistazo a TikTok, y mucho menos tenemos ganas de enfrentarnos a artículos con más de seis o siete párrafos o a libros de más de 150 páginas. Exigimos la información en píldoras y confundimos la brevedad con la compulsividad, alentando una ansiedad que, en ocasiones, lleva a algunos usuarios a sufrir problemas de salud mental que han llevado a muchos Estados a replantearse el modo en el que se relacionan con estas tecnológicas que se comportan como los camellos que nos suministran el fentanilo que destroza nuestros cerebros. Gioia resume la situación en el siguiente párrafo de su pieza: «Las plataformas tecnológicas no son como los Médici de Florencia, u otros ricos mecenas de las artes. No quieren encontrar al próximo Miguel Ángel o Mozart. Quieren crear un mundo de drogadictos, porque ellos serán los traficantes».

Nuestra adicción nos aísla y nos causa problemas de atención. Nicholas Carr ya nos alertaba en 2010 en su ensayo *Superficiales. ¿Qué está haciendo internet en nuestras mentes?*. Carr se ponía de ejemplo a sí mismo cuando afirmaba que cada vez le costaba más leer un texto en profundidad y recordaba que el pensamiento crítico y la creatividad necesitan de un cierto aislamiento, de una pausa mental, de un blindaje frente al ruido y la interrupción constante:

> Docenas de estudios a cargo de psicólogos, neurobiólogos, educadores y diseñadores web apuntan a la misma conclusión: cuando nos conectamos a la red, entramos en un entorno que fomenta una lectura somera, un pensamiento apresurado y distraído, un pensamiento superficial. Es posible pensar profundamente mientras se navega por la red, como es posible pensar someramente mientras se lee un libro, pero no es este el tipo de pensamiento que la tecnología promueve y recompensa... La red también proporciona un sistema de alta velocidad para entregar respuestas y recompensas –refuerzos positivos, por decirlo en términos psicológicos– que fomentan la repetición de acciones tanto físicas como mentales. Cuando pulsamos un vínculo, se nos aparece algo nuevo que mirar y evaluar. Cuando buscamos una palabra en Google, recibimos, en un abrir y cerrar de ojos, una lista de datos interesantes que valorar. Cuando enviamos un texto o mensaje instantáneo o correo electrónico, a menudo recibimos respuesta en cuestión de segundos o minutos. Cuando usamos Facebook, atraemos a nuevos amigos o estrechamos lazos con los viejos. Cuando escribimos un tuit en Twitter, aumentamos el número de nuestros seguidores. Cuando colgamos una nueva entrada en nuestro blog personal, recibimos comentarios de nuestros lectores o vínculos de otros blogueros. La interactividad de la red nos dota de nuevas y potentes herramientas con las que recabar información, expresarnos y conversar con otras personas. También nos convertimos en cobayas de laboratorio que accionan constantemente palancas a cambio de migajas de reconocimiento social o intelectual.

Más de una década después de la publicación de ese ensayo, este vínculo que nos conecta con las redes se ha hecho más adictivo a medida que nos hemos ido mudando a las plazas de la charla digital y la calidad de esa conversación pública se ha deteriorado.

Max Fisher, autor de *Las redes del caos*, repara en el perfil adictivo de estas redes y en la dificultad para salir de ellas:

> Incluso cuando todos sabemos que es malo es muy difícil desengancharse. Están hechas para que física y químicamente creen una adicción en tu cerebro a través de la dopamina. Eso era algo que solían discutir abiertamente en Silicon Valley: cómo podemos hacer que nuestros productos sean adictivos, como una droga. Además, es difícil dejar de usarlo porque está muy normalizado en nuestra sociedad. Todo el mundo está en las redes todo el tiempo y eso crea mucho estrés. Es mucha presión social. Todos los demás están en Instagram. Todos los demás están en Twitter. Así que sientes que también tienes que estar. Aunque eso parece que ahora está cambiando, especialmente los jóvenes, que son los más adictos a las redes sociales, pero también son, creo, los más conscientes de lo dañino que es.

El opio del pueblo es hoy el contrato con la operadora que nos suministra la banda ancha que nos permite navegar por internet, la aplicación que descargamos en nuestro teléfono móvil y la suscripción a los servicios de *streaming* de películas, series y canciones. El economista y experto en la industria de los medios Umair Haque sostiene que estamos ante la economía de la dopamina:

> Cada minuto, cada treinta segundos. Actualización, escándalo político. Actualización, chismes de celebridades. Actualización, indignación. Actualización, el Black Friday comienza pronto. Reacción. Subidón. Liberación. Recompensa. Zumbido. Colocón. Caída. Repetir. Lo has sentido y yo lo he sentido, así que no hay necesidad de negarlo. El pequeño subidón de adrenalina de encontrar un mejor trato, fecha, hora, placer. He-

mos construido una economía de la dopamina. Es profundamente adictiva, profundamente tóxica para nosotros como sociedad, y ya es hora de comenzar a lidiar con ello. Por economía de la dopamina, me refiero a esto[2].

Los motores de búsqueda y las redes ya han ganado esta pelea por la atención en un mundo en el que cada minuto del día se publican de media en internet 21 millones de mensajes de texto a través de iPhones, 69 millones de mensajes en WhatsApp y Facebook Messenger y casi 200 millones de correos electrónicos. Alphabet (la compañía matriz de Google), Meta (Facebook, Instagram y WhatsApp), Twitter, Amazon, Tinder y tantas otras han colonizado nuestro tiempo de atención. Un informe sobre el consumo del móvil en 2022 señalaba que los españoles pasábamos cinco horas al día de promedio delante de nuestras pantallas. *Scrollear* es fácil. Como sostiene Philip Gable, profesor asociado del Departamento de Ciencias Psicológicas y del Cerebro de la Universidad de Delaware, «no requiere ningún esfuerzo, está diseñado para que nos desplacemos sin pensar horas y horas, la promesa de encontrar una novedad es lo que nos mantiene motivados a seguir, pero la realidad es otra, lo que encontramos es casi siempre igual, aburrido, sin emociones, y apenas lo recordamos»[3]. En definitiva, como añade el profesor, «hay tanta información por clasificar que no recordamos lo que vamos dejando atrás. No hay ninguna razón para hacerlo».

Las naciones pantalla son causantes, más o menos directos, de que estemos perdiendo capacidades de atención, de concentración y de crítica, tres habilidades esenciales para ser mejores ciudadanos y para vivir en comunidades más ordenadas y libres.

---

[2] U. Haque, «The dopamine economy», *Medium,* 17 de noviembre de 2017. Artículo al que he llegado gracias a Antonio Ortiz, autor de varias *newsletters* imprescindibles que publica en la plataforma de Substack («Causas y azares», «Monos estocásticos» y «Error500»).

[3] K. Vázquez, «"No son ideas suyas, el tiempo vuela porque ya pasamos casi un cuarto del día 'escroleando' en internet"», *El País,* 27 de febrero de 2023, disponible en [https://elpais.com/tecnologia/2023-02-27/no-son-ideas-suyas-el-tiempo-vuela-porque-ya-pasamos-casi-un-cuarto-del-dia-escroleando-en-internet.html].

Quizá nos dé igual y prefiramos disfrutar de ellas sin reparar en las consecuencias de su uso desmedido, pero esta ceguera voluntaria no detendrá el avance de sus efectos más perjudiciales ni evitará que nos planteemos, en algún momento posterior, si es necesario desconectar más de nuestras pantallas para vivir una vida menos ansiosa y si es pertinente que reclamemos nuestro derecho a la desconexión.

¿Podremos hacerlo a título individual o necesitaremos una respuesta colectiva? Johann Hari sostiene que es un tema que nos supera como individuos y que requiere de respuestas colectivas, de comunidad. Quizá sea así, pero prefiero ser pragmático. Al mismo tiempo que se arbitran soluciones colectivas que pasan por un mayor control en la transparencia de los algoritmos y por responsabilizar a las plataformas de los contenidos que se distribuyan a través de sus canales, tenemos que ganar esas pequeñas batallas que nos permitirán no depender tanto de lo que hagan o no hagan los estados en su enfrentamiento con las naciones pantalla.

Yo soy partidario de los microdescansos y de las microdesconexiones como herramientas para ir ganando en atención. No son sólo un poco de agua en medio de un desierto. Miles de acciones pequeñas crean un movimiento grande[4]. Y no hay revolución efectiva que no pueda empezar por cambiar un hábito minúsculo de tu vida diaria. ¿Quieres luchar tú también contra este poder del oligopolio de las tecnológicas? Pues no tienes que enfundarte el traje de un soldado napoleónico y luchar contra las adversidades en las estepas rusas. Basta con que te disciplines para ir restándole tiempo de uso a tu móvil y que le dediques unos minutos a ajustar tu terminal para recibir menos notificaciones. Piensa en cómo te puedes ir apartando del teléfono y del resto de tus pantallas. No para siempre, pero sí de vez en cuando y de una forma que sea constante.

---

[4] Sé que ya es un clásico, pero no voy a dejar de recomendar el libro *Hábitos atómicos* de James Clear, en el que defiende la importancia de esos pequeños hábitos que practicas con constancia y en el que explica que lo importante no es tanto ponerte metas ambiciosas como obsesionarte con cumplir en el día a día, que es la mejor manera de fortalecer tu voluntad y lograr progresos en lo que te propongas.

IX

UN FERRARI EN MANOS DE
UN NIÑO DE DOCE AÑOS

No hay nada más simple que considerar que los dispositivos son algo simple. Subestimar su reconocido poder y su potencial de penetración e interferencia en diferentes ámbitos de lo humano. No, las pantallas no son una explicación simple al incremento del malestar detectado en nuestros menores. Como hemos visto, interfieren en el desarrollo de sus habilidades durante la primera infancia y la adolescencia. Y a esos menores con menos recursos para poder afrontar la vida, los sometemos a unos riesgos inconmensurables; los exponemos a imágenes de éxitos inalcanzables, a la comparación constante, a la propaganda y la manipulación de grupos radicales, con exposiciones tempranas a escenas de violencia y de sexo, o de ambas a la vez, con mayor riesgo de perpetrar violencia contra los otros y contra sí mismos, y con mayor tendencia a exponerse a situaciones de victimización[1].

Francisco Villar, psicólogo clínico y autor del ensayo
Cómo las pantallas devoran a nuestros hijos

Quienes mejor saben las condiciones de un Ferrari son los ingenieros y directivos de la escudería italiana. Y quienes conocen con más detalle el impacto de las técnicas de psicología persuasiva en las mentes aún por formar de los adolescentes y los niños son los ingenieros, programadores y ejecutivos de las tecnológicas. Quizá por eso, los ingenieros de estas escuderías no ponen a niños al volante de un Fórmula 1 y, quizá por lo mismo, los hijos de los altos directivos de las tecnológicas van a colegios donde no se usan las pantallas.

---

[1] «La UMA lidera un estudio que revela los problemas de ansiedad e inseguridad que les causa a los jóvenes estar una semana sin móvil», Universidad de Málaga, 29 de septiembre de 2022, disponible en [https://www.uma.es/sala-de-prensa/noticias/la-uma-lidera-un-estudio-que-revela-los-problemas-de-ansiedad-e-inseguridad-que-les-causa-los-jovenes-estar-una-semana-sin-movil/].

Si navegas por la web del colegio privado Waldorf School of the Peninsula[2] de Silicon Valley, verás que esto último que te digo no es una leyenda urbana: en la página de ese colegio encontrarás fotos de niños en una excursión, de niños tomando apuntes en un cuaderno, de niños con gafas protectoras para sus pruebas en el laboratorio, de niños tocando el violín, de niños jugando con una carretilla de plástico, pero ni rastro de un ordenador ni de una pantalla. Pierre Laurent, exingeniero de Microsoft y presidente del patronato del colegio, explica por qué tienen las pantallas desterradas:

> No creemos en la caja negra, esa idea de que metes algo en una máquina y sale un resultado sin que se comprenda lo que pasa dentro. Si haces un círculo perfecto con un ordenador, pierdes al ser humano tratando de lograr esa perfección. Lo que detona el aprendizaje es la emoción, y son los humanos los que producen esa emoción, no las máquinas. La creatividad es algo esencialmente humano. Si le pones una pantalla a un niño pequeño limitas sus habilidades motoras, su tendencia a expandirse, su capacidad de concentración. No hay muchas certezas en todo esto. Tendremos las respuestas en 15 años, cuando estos niños sean adultos. Pero ¿queremos asumir el riesgo?[3].

Yo te pregunto ahora. En el caso de que tengas hijos o quieras tenerlos, ¿quieres correr ese riesgo con ellos o prefieres, como los directivos de las tecnológicas que tienen a los suyos en la Waldorf School of the Peninsula, alejarlos de su uso, al menos durante el tiempo que estén bajo la responsabilidad de estos colegios? Tal vez me digas que lo mejor es que aprendan a usar esas herramientas, lo cual es una evidencia, pero también sabes que por mucho que les ayudes a manejarlas, estas siguen siendo ese Ferrari que ponemos a manos de un adolescente, una máquina

---

[2] waldorfpeninsula.org.
[3] P. Guimón, «Los gurús digitales crían a sus hijos sin pantallas», *El País,* 24 de marzo de 2019, disponible en [https://elpais.com/especiales/2019/crecer-conectados/gurus-digitales/].

que está muy por encima de sus posibilidades y que los atrapa, como se nos advierte cada vez que se hace algún estudio sobre la relación de chicos de estas edades con sus teléfonos móviles.

Una investigación fechada en otoño de 2022, en la que participaron universidades europeas, entre ellas también españolas, solicitaba a un grupo de 92 chicos y chicas de entre quince y veinticuatro años que dejaran de usar sus teléfonos móviles durante una semana. Uno de los chicos contaba después de la experiencia cómo, seis años después, había vuelto a leer un libro sin obligación, mientras que otros descubrieron que había vida familiar más allá de sus dormitorios y exploraron la posibilidad de dedicarle más tiempo (lo que ya no sé es qué conclusiones sacaron de este experimento social). En lo que la mayoría coincidía es en que vivieron esta experiencia con ansiedad. Si miras sus datos de consumo medio del teléfono móvil, lo entiendes: cinco horas diarias, de las que cuatro, el 80% del tiempo, se destinaban al consumo en redes sociales y canales de mensajería (WhatsApp, Instagram y TikTok)[4]. ¿Cómo se rellenan cinco horas de tu tiempo si tu casi única opción es encender tu teléfono? ¿Cómo no vas a notar un vacío?

Requísale el teléfono móvil a un adolescente de quince años que tengas cerca. Prueba ahora a no devolverlo a la hora convenida. ¿Se ha resignado a no tener el móvil o se ha puesto de tal manera que a su lado la niña de *El exorcista* es una maestra en el arte de la meditación? Sé sincero. Pedirle a un chico de estas edades que abandone su móvil por voluntad propia tiene tantos visos de éxito como que me pidas a mí que escale este próximo fin de semana el Annapurna. Pero su cerebro se resiente. Joe Clement, coautor con Matt Miles del ensayo *Educados en la pantalla (Screen Schooled),* recalca que «el cerebro de un niño desarrolla la capacidad de tomar decisiones, de pensar críticamente hasta finales de la adolescencia y principios de los veinte años.

---

[4] S. A. Pilar, «Cien jóvenes pasan una semana sin móvil: "He tenido más ansiedad que cuando intento dejar de fumar"», rtve.es, 29 de septiembre de 2022, disponible en [https://www.rtve.es/noticias/20220929/cien-jovenes-pasan-semana-sin-movil/2404173.shtml].

Los adultos crecimos sin teléfonos y para nosotros son sólo un complemento. Si no conoces otra cosa que tu teléfono, tomas decisiones realmente malas. Te pasas todo el día jugando a videojuegos, mirando pornografía y navegando en las redes sociales. Por eso, cuando eres padre, tienes que preguntarte: ¿a qué edad creo que mi hijo está listo para tener videojuegos y entretenimiento ilimitados?»[5].

Cada vez más países regulan el uso del móvil en los centros educativos de sus regiones. Reino Unido ha prohibido los móviles en las aulas y en los descansos por los problemas que causan de distracción, comportamiento y acoso. El Ministerio de Educación de Italia ha distribuido una circular en las escuelas del país prohibiendo el uso del móvil en las aulas «por ser un elemento de distracción propio y ajeno y de falta de respeto a los docentes». En Estados Unidos, el estado de Utah ha exigido que los adolescentes no se acerquen a los móviles entre las 22:00 y las 6:00 horas de la mañana siguiente; en el de Seattle, un grupo de colegios ha presentado una demanda conjunta contra cuatro de estas plataformas por los perjuicios que están causando en el desarrollo educativo de los niños en edad escolar; y, por último, 41 estados han acusado en una demanda a Meta de «atrapar a los niños con sus tecnologías poderosas sin precedentes». La ministra de Educación de Suecia ha decidido la «vuelta» de los libros de texto y la «expulsión» de las pantallas en las aulas para frenar el desplome de la comprensión lectora que se detecta en los niños del país. En China, se trabaja en restricciones de tiempo marcando un límite que estará en torno a las dos horas diarias de uso del móvil entre los menores (dentro y fuera de los colegios).

¿Y en España? Pues en España también se mueve algo. Poco, pero se mueve. El Consejo de Ministros examinó a finales de 2024 un informe de expertos que elevó propuestas para la res-

---

[5] E. Silió, «Un experto en pantallas y educación de Estados Unidos: "Mis alumnos no entienden la escritura a mano"», *El País,* 4 de enero de 2024, disponible en [https://elpais.com/educacion/2024-01-04/un-experto-en-pantallas-y-educacion-de-estados-unidos-mis-alumnos-no-entienden-la-escritura-a-mano.html].

tricción del consumo de pantallas. De momento, no es más que eso. Pero, como ha ocurrido con la prohibición del uso de redes sociales en Australia para los menores de dieciséis, ya es significativo que este asunto haya llegado a la conversación pública y a las mesas donde se toman las decisiones que nos afectan. Estamos en ese punto en el que empezamos a tomar conciencia de lo que nos pasa y vislumbramos que algo está cambiando y que hay que actuar desde la educación.

El filósofo Eduardo Infante, autor de *Aquiles en TikTok*, afirma que «la justicia social no es poner un iPad en las manos de un niño de un barrio obrero, sino un texto de Homero»[6]. No sé si lo de Homero es una buena idea (a mí me dieron a leer las *Coplas a la muerte de su padre* de Jorge Manrique a los catorce años y no sé cómo pude superar la cuasidepresión que me entró), pero lo que no parece que haya sido angelical ha sido lo de las tabletas digitales. Al menos, para su capacidad a la hora de leer textos con un mínimo de profundidad. Lo confirma Miguel Salas, profesor de Literatura y autor del libro *(En) plan lector: Sobrevivir a la adolescencia sin dejar de leer*, quien se define a sí mismo como un converso que ya no cree en el supuesto avance que iban a traer las tecnologías a las aulas:

> La concentración de mis alumnos ha caído una barbaridad con los teléfonos inteligentes. Tocamos el móvil cerca de mil veces al día y nos conectamos unas 150 veces. Con el móvil encima de la mesa, se actúa como una persona con un cociente intelectual bastante inferior. Muchas veces los niños que brillan académicamente practican baile o música, que exigen mucha concentración. Los chicos suelen ser muy conscientes de que no recuerdan los vídeos cortos que han visto o de que se ponen nerviosos si no hay un cambio de actividad. Ven las series a 1,5 ×

---

[6] A. Cordellat, «Eduardo Infante, filósofo: "La justicia social no es poner un iPad en las manos de un niño de un barrio obrero, sino un texto de Homero"», *El País,* 27 de julio de 2023, disponible en [https://elpais.com/mamas-papas/expertos/2023-07-27/eduardo-infante-filosofo-la-justicia-social-no-es-poner-un-ipad-en-las-manos-de-un-nino-de-un-barrio-obrero-sino-darle-un-texto-de-homero.html].

de velocidad –porque son incapaces de aguantar el ritmo– e incluso la música. Ninguno acaba de escuchar una canción, siempre le dan al botoncito antes. Eso hace que su capacidad de atención esté triturada[7].

Ese desplome de la comprensión lectora se refleja en estudios como el de la Asociación internacional para la evaluación del rendimiento educativo, cuyo resumen leo en la página web del Ministerio de Educación del Gobierno de España. Ahí se refleja que la comprensión lectora de los estudiantes analizados ha bajado en el periodo que va de 2016 a 2021 y que, en el caso de España, su puntuación está por debajo de la media. En el estudio no se alude a las pantallas, pero sí se advierte que se percibe que «en España se produce una diferencia significativa entre el nivel de comprensión lectora de quienes manifiestan que les gusta leer y quienes declaran que no les gusta leer». Adivinad qué es lo que suelen hacer los que menos leen, que son la mayoría.

Florentino Pérez, presidente del Real Madrid C. F., dijo en defensa de la Superliga europea que se necesitaban nuevos estímulos para atraer a los más jóvenes al fútbol, porque muchos de ellos no eran capaces de concentrarse durante partidos que duran algo más de 90 minutos. El presidente de la entidad blanca se refería a cómo estas generaciones más jóvenes están perdiendo la capacidad de concentración y responden a otros estímulos. Fíjate, por cierto, en el montaje de Ibai Llanos y Gerard Piqué de la Kings League y detente en analizar cómo organizan espectáculos de entretenimiento con *flashes* compulsivos de atención similares a los que se usan para retener a los chavales en TikTok, Instagram o YouTube. No hay pausa. No hay tiempos muertos. Cada minuto, una emoción. Observa cómo estos mismos jóvenes escuchan los audios de WhatsApp a doble velocidad. Su concentración es telegráfica y dispersa.

---

[7] E. Silió, «"Los jóvenes no leen porque el móvil es una forma de ocio mucho más asequible"», *El País,* 30 de julio de 2023, disponible en [https://elpais.com/educacion/2023-07-30/los-jovenes-no-leen-porque-el-movil-es-una-forma-de-ocio-mucho-mas-asequible.html].

Tendríamos que preguntarnos por qué hemos aceptado esta situación, por qué les hemos metido las pantallas en sus pupitres y qué hemos hecho hasta ahora por evitar esta adicción. ¿Hemos exigido que se reduzca el consumo de pantallas en los centros educativos o por el contrario hemos alentado su uso? ¿Hemos advertido de los efectos secundarios del uso desmedido de las redes o, por el contrario, hemos hecho caso omiso?

Las mejores generaciones de nuestra historia están más tituladas que las de antes y sus conocimientos técnicos, científicos y tecnológicos se han incrementado porque cuentan con herramientas que les permiten desarrollar determinadas habilidades, ampliar sus campos de conocimiento y ahorrarse tareas poco productivas. Las pantallas y las calculadoras son aliadas del desarrollo educativo en este contexto. En cuestión de segundos ponen al alcance de estos adolescentes y jóvenes adultos conocimientos que nosotros tardábamos semanas en descubrir en nuestros libros de texto y en enciclopedias que nuestros padres compraban a plazos. Pero un buen número de estudiantes sufre cuando les toca escribir un comentario de texto o cuando se les reclama que se concentren en un asunto complejo.

Daniel Arias Aranda, catedrático de Organización de Empresas de la Universidad de Granada, publicó en diciembre de 2022 un artículo en LinkedIn cuyo título es explícito: «Querido alumno universitario de grado: te estamos engañando»[8]. En el texto, Arias cuenta experiencias con las que se pueden identificar tantos maestros:

> Soy consciente que para vosotros soy sólo un estímulo más que compite con las redes sociales y el vasto imperio de internet. Evidentemente, soy más aburrido que un vídeo de *influencers* de TikTok [...]. Vives anestesiado por las redes sociales. ¿Te crees que no me entero? Mientras doy clase veo tu cara de

---

[8] D. Arias Aranda, «Querido alumno universitario de grado: Te estamos engañando», en su LinkedIn personal, 30 de diciembre de 2022, disponible en [https://www.linkedin.com/pulse/querido-alumno-universitario-de-grado-te-estamos-daniel-arias-aranda/?originalSubdomain=es].

soslayo tras la pantalla con risitas y yo sé que explicar la cadena de valor de la empresa es de todo menos gracioso. No estás en clase, estás en Instagram. Pero yo me hago el tonto y miro para otro lado [...]. Lo que está claro es que si tú, estudiante, no tienes interés, yo no puedo plantarlo en ti. Pero sí puedo hacerte creer que vales, aunque sepa que es mentira. Me he convertido en un experto en hacerlo porque el sistema me lo exige y cumplo. Y rezo porque esto sólo me ocurra a mí, y como mucho en mi facultad, pero que no ocurra en Medicina o en Ingeniería de Caminos, sobre todo cuando cruce un puente o, Dios no lo quiera, esté en la camilla de un quirófano.

Un problema de la magnitud del que describimos no se resuelve al cien por cien con soluciones como rebajar por norma el número de horas de consumo de los teléfonos móviles ni tampoco con propuestas como las ya mencionadas de prohibir con vehemencia el uso de las pantallas, pero mejor eso que nada. Es mejor ganar una pequeña batalla antes que pensar a lo grande, ir poco a poco ganando espacios de tiempo fuera de las pantallas antes que anunciar grandes decisiones que suelen terminar en papel mojado. Cada pequeña decisión que tomamos para salvaguardar un espacio de silencio para un chaval es tiempo que le quitamos a la adormidera digital, ya sea en las aulas de sus centros educativos, en sus hogares o en los lugares a los que acuden a divertirse y disfrutar con sus amigos y con sus parejas.

Esta pelea no se desarrollará sólo en el seno de los Gobiernos y de las instituciones parlamentarias o en otros foros nacionales e internacionales, sino que la viviremos en la línea Maginot de nuestros hogares, de las salas de espera de los ambulatorios, en las marquesinas de las paradas de los autobuses, en las mesas de los restaurantes y, antes que en cualquier lugar, en dos de los sitios que requerirían más intervención de los adultos: en las mesitas de noche de los dormitorios de los adolescentes y en las aulas de los centros escolares a los que acuden.

Estos chavales forman parte de las primeras generaciones que han nacido en la transición digital. Con dos o tres años, antes de pasar las hojas de un cuento infantil, hacen ya *scroll* en el móvil de sus padres, y con nueve o diez tienen en sus manos su primer teléfono inteligente después de hacer su primera comunión. En la adolescencia, hemos dejado que unas empresas depredadoras se metan en sus camas, les quiten unas cuantas de sus horas de sueño y les roben hasta la autoestima en un mundo de *influencers* glamurosos. Y ahora nos quejamos de que están todo el día viendo el móvil y que no son capaces de atender una lección en clase; pero ¿qué podíamos esperar?

X

BABY BOOMERS, PERO SOBRADAMENTE ENGANCHADOS

Tal vez estemos en un momento paroxístico de la influencia de las redes sociales en la polarización y de la dependencia personal de muchos de nosotros, no solamente los más jóvenes. Y este momento se acompaña de otros: la toma de conciencia individual para dejar de un lado la pantalla, porque nos impide hacer otras cosas, nos roba concentración e imaginación. Y la sociedad se ha vuelto una sociedad del cansancio, cansancio de la información o de la política. El momento de dependencia y polarización es también el de toma de conciencia individual y colectiva, pero todavía no sabemos en qué va a desembocar.

> Bruno Patino, autor de los ensayos *La civilización de la memoria de pez* y *Tempestad en la pecera*, en donde reflexiona sobre los problemas de atención que causa nuestra adicción a las pantallas

¿Y los más mayores? ¿Cuál es la relación del *baby boom* con las plataformas digitales? ¿Estamos blindados por nuestra educación analógica? Quienes nos criamos viendo las primeras décadas de Eurovisión y de la OTI también somos carne de desatención, sólo que nos salva un poco más del desastre el que vengamos programados con una habilidad que hoy en día se *entrena* menos: somos capaces de aburrirnos. Los *baby boomers*[1] hemos tenido la suerte de crecer en un mundo en el que era muy fácil aburrirse y en el que no teníamos otra opción que usar nuestra imaginación y echarnos a la calle para rellenar las horas muertas. Somos de las últimas generaciones que no teníamos una oferta infinita al alcance de nuestro móvil. Nuestra oferta

---

[1] Los nacidos, principalmente, en las décadas de los sesenta y los setenta del pasado siglo.

era escasa: un par de canales de la televisión pública, algunas emisoras de radio y los periódicos nacionales o locales que pudiéramos tener a mano, que tampoco eran muchos en una España en vías de desarrollo. Veíamos películas y programas de entretenimiento en la televisión, pero íbamos al cine a ver largometrajes lentos que hoy sólo aceptarían los fanáticos de Filmin, y también leíamos lo que nos caía entre manos, no sólo cómics, tebeos o cualquier publicación con dibujos o ilustraciones, también novelas clásicas en ediciones de bolsillo que comprábamos en las librerías y en los quioscos.

Los *baby boomers* estamos ahora obsesionados con la idea de echar la culpa de que los jóvenes actuales no lean a YouTube, a los *influencers*, a Instagram, a TikTok y, en general, a los móviles. Idealizamos el pasado. Parece que nosotros, al contrario que nuestros hijos, nos reuníamos en ágoras, nos tirábamos en plancha a leer *Tiempo de silencio* y nos pegábamos a hostia limpia por ver quién sabía más sobre el *Ulises* de Joyce. Pero la verdad es que no estábamos todo el día discutiendo sobre quién tenía más razón en la pelea de Sartre contra Camus ni por qué Vargas Llosa le soltó un puñetazo a García Márquez. Lo que nos diferencia es que teníamos más tiempo para pensar porque teníamos la *suerte* de no disponer en nuestras manos de un teléfono móvil con la potencia de una estación espacial. Los únicos teléfonos que conocíamos eran los fijos, con un teclado manual con un uso que hoy quizá te resultará extraño: hablar con los demás.

Pero eso fue en el pasado. Hoy somos también yonquis de unos productos tan adictivos. No somos capaces de salir de casa sin nuestro teléfono en el bolsillo y estamos tan enganchados como el que más a las aplicaciones que atrapan nuestro tiempo casi sin que reparemos en ello. Sigue la conversación de algunos grupos de WhatsApp de padres y de madres o ponte a ver cómo cotilleamos fotos y más fotos en las cuentas de Facebook y de Instagram y verás que estos enganches son, como se diría ahora, intergeneracionales. Somos *baby boomers*, pero también estamos sobradamente enganchados. Nos gusta tirarnos en el sofá con nuestro teléfono al lado y pasarnos horas como un adolescente viendo fotos y vídeos o enfadándonos con motivo de la penúltima trifulca política. Quizá nuestra adicción a las pantallas sea menos ostentosa; pero nadie nos libra de los efectos secundarios de este enganche. También leemos menos libros y menos periódicos, ya apenas vamos al cine y si vemos algo en televisión, tardamos tanto en elegir la película en la plataforma a la que nos hemos suscrito que nos quedamos dormidos cuando salen las primeras imágenes. A nosotros también nos va el *scroll*.

¿Qué vamos a hacer más allá de seguir consumiendo a borbotones estas petacas de placer exprés? Y si eres, como yo, un cuarentón, un cincuentón o un sesentón, ¿qué vas a hacer?, ¿vas a seguir igual de enganchado al móvil delante de tus hijos? ¿vas a hacer algo para remediarlo?, ¿prefieres pasarte la vida viendo vídeos virales en tu pantalla y viendo fotos de fútbol y de chicas a las que doblas en edad? Igual hay que hablar menos de lo que les pasa a los jóvenes y pensar más en qué estamos haciendo nosotros, en nuestros prejuicios y clichés absurdos y en por qué no les estamos ayudando a salir del agujero en el que se están metiendo. Sólo así, cuando aceptemos desterrar estos dogmas que carecen de sentido alguno, quizá podamos ayudarles a levantar la cabeza del móvil.

Necesitamos tomar conciencia de nuestros errores. Entre ellos, el de recriminarles a nuestros hijos que dejen el móvil cuando nosotros somos los primeros en acudir a las pantallas en cualquier momento del día. Necesitamos dar ejemplo. Y, a partir de esta premisa, asumir nuestra responsabilidad, a veces desagradable, de establecer determinadas reglas de uso de las pantallas en nuestros hogares y, siempre que sea posible, también en nuestros centros de trabajo. Es nuestra cuenta pendiente. Y más nos vale saldarla para no agravar aún más un problema que se ha contagiado con la velocidad y la crueldad de las peores pandemias.

Cuantas más personas practiquemos un consumo responsable del teléfono, más posibilidades tendremos de disfrutar de una relación más saludable con las tecnologías y menos expuestos estaremos a los problemas que surgen por el abuso de las redes y de las pantallas. Y si centramos el foco en lograr un achique de espacios, habremos puesto los cimientos para recuperar, aunque sea en parte, el control sobre nuestro tiempo, ahora en manos de estas naciones pantalla y de sus propuestas tan seductoras como adictivas. Así que déjate de victimismos nostálgicos y actúa. Y, si me permites, demuestra que no eres como un adolescente cualquiera y trabaja tu desenganche de las pantallas. En el próximo capítulo, te voy a trasladar algunas recomendaciones para que lo hagas. Inténtalo. No te vas a arrepentir.

XI

EL DERECHO A LA *DESNOTIFICACIÓN*

> Es importante destacar el impacto social que tiene una cultura que básicamente extrae nuestro tiempo, atención y datos a través de los móviles y cuyos beneficios bursátiles disfrutan siete u ocho ejecutivos. En el mundo actual trabajamos gratis para la fábrica virtual creada por las compañías de redes sociales, hacemos turnos durante todo el día para que Mark Zuckerberg añada otro cero a su cuenta corriente.
>
> Cal Newport, profesor de Computación y autor de los ensayos *Céntrate (Deep Work)* y *Minimalismo digital*

Me gustaría que se creara en nuestro país un Ministerio o una Dirección General de Pantallas. Si hay en Europa Ministerios de la Soledad que buscan soluciones a la angustia de tantos mayores que viven solos y hay también grandes empresas que crean departamentos de felicidad en sus estructuras, por qué no pelear para que haya personas en puestos públicos que trabajen exclusivamente en que se haga un uso más razonable de estas tragaperras posmodernas. La idea suena excéntrica, pero igual dentro de muy pocos años es una realidad habitual en multitud de países. De momento, vamos con algo más práctico, que es llevar a la legislación el derecho a la desconexión y, si me apuras, el derecho a la *desnotificación*. El derecho a la desconexión es una exigencia moderna de una sociedad que hasta hace un siglo ni se planteaba el derecho a las vacaciones o a horarios no esclavizantes en las cadenas de producción de las industrias en auge; de una sociedad que ha pasado de luchar por las conquistas laborales de un mejor horario, un mejor sueldo y unas condiciones mínimas de dignidad a la necesidad de reclamar que nuestro tiempo sea nuestro y no de la empresa, y a que este tiempo no sea tan flexible que acabe siendo un 24/7, como si fuéramos cajeros automáticos al servicio de quienes pagan por nuestros trabajos. Esta reclamación se extiende también a nuestro entorno más personal, cuando tenemos que recordar que no contestar de inmediato un mensaje de WhatsApp no es una señal de mala educación o de falta de respeto, o cuando nos justificamos porque no hemos leído al instante algún correo electrónico que haya llegado a nuestra bandeja de entrada.

La descripción de nuestra vida es la de quien ha perdido el sentido de la paciencia. Permanecemos siempre a menos de un metro de distancia de nuestros teléfonos. El móvil duerme en nuestras mesitas de noche, recargando su batería mientras nosotros descansamos, y nos despierta para no abandonarnos hasta que regresamos por la noche a la cama, donde nos da las buenas noches con su resplandor lumínico hasta que caemos abatidos. Es el miedo a perderte algo de lo que hace tu tribu o el temor a a que la tribu te aparte si no estás a lo que están todos, lo que hace que vivamos tan conectados y que uno de nuestros mayores pánicos sociales sea el de quedarnos sin batería.

Las aplicaciones para la mejora de nuestra productividad nos ayudan, pero también nos generan ansiedad, y si esta llega, ya te están avisando de que no es necesario que te des una larga caminata ni desfogues en el gimnasio o jugando un partido con tu grupo de amigos o de amigas. En vez de todo eso, coge de nuevo tu pantalla y descárgate una aplicación para relajarte, para meditar o para controlar tu estrés, y de paso sigue proporcionando datos que luego sirvan para seguir insertando más y más anuncios que consumiremos como buenos hámsteres digitales a los que han encajado en la rueda perfecta.

Los yonquis de nuestros datos personales nos necesitan en estado de consumo permanente, como un 7-Eleven que jamás cierra sus puertas. Por eso, las naciones pantalla se comportan como ladrones de tu descanso que harán lo necesario para mantenerte enganchado. Ya decía el propietario de Netflix, Reed Hastings, que su principal adversario no eran el resto de las plataformas de *streaming* que operaban en su sector, sino el sueño de sus suscriptores. Cuanto más duerman, menos series ven y menos dinero ganan. Un rato menos de sueño son millones de euros o de dólares que van a las arcas de las plataformas, mientras que un rato charlando con los amigos con tu teléfono apagado y sin la posibilidad de localizar tu ubicación es un desperdicio que hay que eliminar[1].

He conocido la historia de Sophia Smith Galer, en un reportaje de la periodista Mar Manrique, para la *newsletter SModa* de *El País,* en la que se cuentan las peripecias de esta joven periodista, a quien la edición británica de *Vogue* colocó en 2022 como una de las 25 mujeres más influyentes del año. Mar Manrique explica que Smith Galer empezó su carrera como periodista visual de Fe y Ética en la BBC y que en el momento de la publicación del artículo era reportera de noticias sénior en Vice World News. Smith Galer se confiesa en el artículo:

> Hago mucho *multitasking*, lo que yo llamo *time hacking*. Un ejemplo para ilustrar cómo hackeo el tiempo: me gusta salir a caminar e ir al gimnasio dos o tres veces por semana. Mientras estoy entrenando, uso la elíptica y descargo documentales de YouTube de media hora sobre algo que estoy investigando. Así estoy ejercitándome y disfruto de la parte física, pero sigo trabajando, más o menos. También, cuando solía dar esos paseos durante el proceso de escritura de mi libro, escuchaba pódcast que acostumbraban a tratar sobre algo a menudo relacionado con la investigación sexual […]. La gente me pregunta: «¿No necesitas un descanso?». Esa soy yo descansando, realmente disfruto aprendiendo sobre esto, me lo estoy pasando bien, pero sí, técnicamente sigue siendo trabajar. No desconecto, ese es básicamente el mensaje, porque incluso cuando ando estoy escuchando música o un pódcast[2].

---

[1] M. González, «Ni Amazon ni HBO: el gran competidor de Netflix, según ellos, es el sueño», Xataka, 20 de abril de 2017, disponible en [https://www.xataka.com/streaming/netflix-compite-mas-con-el-sueno-que-con-hbo-y-las-peliculas-de-adam-sandler-son-todo-un-exito-segun-su-ceo].

[2] M. Manrique, «Sophia Smith Galer: "He convertido mi descanso en algo bastante útil"», *El País,* 5 de agosto de 2022, disponible en [https://elpais.com/smoda/bienestar/sophia-smith-galer-he-convertido-mi-descanso-en-algo-bastante-util.html].

Galer también se lamenta de lo poco que lee libros y, al menos, al final reconoce que cuando está con su novio desconecta del teléfono viendo Netflix. Supongo que estás pensando lo mismo que yo: esta chica está para tomarse un descanso prolongado.

Hace falta voluntad y eso hay que entrenarlo. Incluso la voluntad de no hacer nada se entrena. Un buen ejemplo es el de la profesora de Stanford Jenny Odell, autora del ensayo *Cómo no hacer nada: Resistirse ante la economía de la atención*. Odell no es una fundamentalista de la desconexión, pero sí abomina del culto a la multitarea y de la buena prensa de quienes quieren ser productivos todas las horas del día. Odell defiende el derecho a no hacer nada y sugiere tres maneras que nos ayudarían a salir de la rueda de la productividad mal entendida.

Primera, sustituir el miedo a perderse algo que nos engancha a las redes por «la necesidad de perderse cosas». ¿Por qué hacemos tantas cosas a la misma vez? ¿Podemos ser tan buenos en todo? ¿Queremos saberlo todo? ¿Estar al día de todo lo que pasa? A lo mejor es que hemos pensado que somos superhéroes con algún poder para estar al tanto de todo, como si nuestros días se alargasen el triple de horas de las que tenemos o no tuviésemos la obligación de dormir o de descansar. Pero todos sabemos a qué conduce este tipo de actitudes tan histéricas: a la ansiedad. Y no me vale el que algunos piensen que estar estresado es lo propio de la gente que triunfa en lo que hace.

La segunda recomendación: alejarnos del ciclo ansioso de las noticias y practicar la empatía y la reflexión. Odell plantea que busquemos tiempo para pararnos a pensar, un bien preciado y escaso en una sociedad donde se vive agónicamente y donde el seguimiento de la información política y económica genera ansiedad por el dramatismo que impregna las escaletas, los guiones y las páginas de los principales medios de comunicación del mundo[3].

El tercero de los consejos es el de pensar en comunidad: «Debemos proteger nuestros espacios y nuestro tiempo para

---

[3] Nos referiremos con más amplitud a este tema en el apartado dedicado al alejamiento de los ciudadanos de los medios de comunicación (pp. 139-155).

una actividad que no esté instrumentalizada o comercializada y aferrarnos en el pensamiento, el mantenimiento, el cuidado y la sociabilidad». Nuestra sociedad ha avanzado gracias a nuestra capacidad para asociarnos en defensa de la mejora de nuestras vidas. Una comunidad que nos aísla en nuestras pantallas rompe los vínculos que nos hacen más fuertes y nos convierte en presas débiles de los Estados y las corporaciones que pretenden controlar hasta los últimos rincones de nuestras vidas. Al respecto, si te interesa en particular este asunto del compromiso y la comunidad, no puedo seguir estas líneas sin sugerirte que leas el ensayo que ha escrito Pete Davis sobre el asunto: se llama *Compromiso* y te permitirá darle valor al poder de lo local y entender de qué hablamos cuando hablamos de comunidad.

El profesor de Computación de la Universidad Georgetown Cal Newport ha dedicado parte de su actividad profesional a reflexionar sobre la concentración y el trabajo profundo. En uno de sus libros más exitosos, *Céntrate (Deep Work),* propone otras cuatro reglas para lograr una mayor capacidad de desarrollar un trabajo de alta calidad:

1. Practica el trabajo profundo. Céntrate en una actividad que te obligue a pensar y hazla en silencio. Ya verás que al principio cuesta. Nos hemos acostumbrado demasiado al ruido, a la multitarea y a las interrupciones constantes. Pero esta habilidad se entrena. El cerebro es un músculo. Si sólo le das vídeos de TikTok, se atrofia, pero si le permites adiestrarse en la atención y en la concentración, te aporta habilidades que tú ni sabías que disponías de ellas. Ve poco a poco y notarás cómo cada día le dedicas más tiempo a este tipo de tareas. Te costará cada vez menos tiempo concentrarte durante más tiempo.
2. Desconecta de las redes sociales. Empieza por eliminar la gran mayoría de las aplicaciones de tu teléfono móvil. En su libro *Minimalismo digital,* Newport propone incluso un apagón digital de 30 días para luego retomar la actividad de aquellas herramientas digitales que hayas comprobado que te merecen la pena. Y en ese último caso, obligándote

a ti mismo a imponerte reglas de uso para no volver a las andadas. Aquí Newport nos pone de frente una realidad que igual nos gusta menos de lo que pensamos. Podríamos albergar la idea de que, si dejamos una red durante ese tiempo, la gente que nos sigue nos echará de menos. En la mayoría de los casos, no se van a acordar de ti ni por un segundo. Y tampoco pasa nada. Al contrario, esta ducha de humildad te ayudará en tu regreso a resituar las cosas como son y no como crees que son.

3. No rehúyas el aburrimiento. No puedes llenar cualquier rato muerto cogiendo el móvil para ver las noticias de los últimos cinco minutos o para revisar si te han mandado un WhatsApp en los últimos 90 segundos. Tenemos que volver a soportar una espera en la cola del centro de salud, en el supermercado o en la sucursal del banco sin mirar el celular con la angustia de quien se cree que alguien va a declarar de forma inminente el inicio de la tercera guerra mundial y tú no te vas a enterar a tiempo de que toca refugiarse de inmediato en el búnker más cercano.

4. Elimina obligaciones superficiales. Seguro que hay cosas de tu día a día que son prescindibles. Pues deséchalas. Te sorprendería ver la de actividades que haces que no te aportan nada, pero que sigues haciendo por una mezcla de inercia, vagancia y pereza o porque alguien te recuerda que esto o aquello «siempre se hizo así». Y añado: si te interesa este punto, es recomendable que hagas una lista con las tareas que tienes que hacer y, sobre todo, con aquellas que no hay por qué hacer. Te sorprenderá ver lo esclavo que eres de algunas de estas actividades.

Cal Newport, que no tiene redes sociales ni cuenta de correo electrónico, expone prácticas sencillas para retomar el control de tu tiempo y salir de la adicción a las pantallas. Se trata de controlar las herramientas digitales, no de prohibirlas en tu casa y en tu trabajo. Una cuestión de sentido común, como también afirma Fuencisla Clemares, directora general de Google en España, quien confiesa que «en mi casa no veréis nunca un móvil en la mesa. Para desesperación de mi marido, mi móvil está en silencio y no me entero y cuando estoy jugando con mis hijos, estoy jugando»[4].

Xavier Marcet, presidente de la consultora Lead to Change, dirige la mirada a nuestro derecho a poder *sembrar* concentración:

> Hay que sembrar concentración con urgencia, en las escuelas, en las universidades, en nuestras organizaciones. Vivimos rodeados de pantallas. Pero estar sentado en el sofá con la televisión, con un ordenador en el regazo, con el móvil en la mano y un libro intacto cerca, todo a la vez, no nos garantiza que pensemos, nos garantiza que concentrarnos sea muy difícil [...]. Necesitamos crear culturas que no sean complacientes con los destructores de la concentración, con los ladrones de tiempo. Culturas exigentes con el respeto al tiempo de los demás. Culturas que valoren a los que aprenden a sacar resultados de su concentración[5].

Soy pragmático. Me conformo con ganar algunas de esas pequeñas batallas que he citado y en las que he decidido emplearme; conquistas domésticas como la de no sacar el móvil del bolsillo del pantalón mientras subo las escaleras mecánicas de un centro comercial, no consultar el teléfono cuando estoy esperando que me llame la doctora en mi centro de salud de la avenida Marqués de Paradas o dejar el terminal en la encimera de la cocina cuando me dispongo a comer. No son acciones equiparables con escapar de Dunkerque mientras los aviones de la Luftwaffe me acribillan desde el aire o con surfear olas de treinta metros en la playa portuguesa de Nazaré, pero estos microhábi-

---

[4] UE Estudio, «La directora general de Google España: "En mi casa no veréis nunca un móvil en la mesa"», *El Mundo,* 17 de julio de 2023, disponible en [https://www.elmundo.es/uestudio/2023/07/17/64b4e1e6fc6c83bb1b8b45d0.html].

[5] X. Marcet, «Sembrar concentración», *La Vanguardia,* 29 de enero de 2023, disponible en [https://www.lavanguardia.com/economia/20230122/8698408/concentrar-pensar-empresas-ideas-crecimiento.html].

tos me sirven para arañar espacios para la reflexión, la tranquilidad y el aburrimiento, para vivir mejor, más tranquilo y concentrado, lo cual ya me resulta más que suficiente. Lo comparo con quien fuma cuatro o cinco cigarros al día después de haber estado fumado una media de un paquete de tabaco al día. Sigo *fumando* pantallas, pero ya no *fumo* tantas pantallas. Mejor cinco cigarros que veinte. Un ejercicio de realismo que incluye reclamar el derecho a la *desnotificación*, a que no nos interrumpan cada dos o tres minutos, a volver a recuperar la sensación de tener tiempo por delante y en silencio, a vivir una vida sin tantos intermedios y tantos anuncios en línea que te saltan en medio del intento de lectura de una web informativa y a no sentirse interpelado por todo lo que ocurra a nuestro alrededor.

EL TERCER PECADO

LA EXPANSIÓN INFINITA DE LA DESINFORMACIÓN

XII

LA INDUSTRIA DE LOS BULOS ES
UN GRAN NEGOCIO

> Estas plataformas se hacen cada vez más inteligentes, por tanto, cada vez más capaces de darnos lo que queremos. Porque el verdadero problema es este. Las *fake news* son sólo la punta del iceberg. El problema real es que las plataformas, agradablemente, nos encierran en un mundo que confirma nuestras opiniones, nuestros prejuicios, nuestros deseos, y lo harán siempre mejor. Por supuesto, hay actores que usan ciertos instrumentos con malas intenciones políticas. Pero lo curioso es que, en el fondo, su acción es indistinguible de la natural de las redes, porque el trabajo de los rusos, su intento de sembrar la discordia, ya lo hacen Google, Meta o X. Es la manera en la que está construido el sistema.
>
> Giuliano da Empoli, escritor y politólogo
> (entrevista en *El País* del 31 de diciembre de 2023)

Las mentiras han sido el combustible de campañas de infamias y de desinformación a lo largo de la historia, un nutriente de la propaganda clásica destinada a animar a los nuestros y a confundir a los contrarios en defensa de determinados intereses. El primer ministro inglés Henry Temple, conocido como Lord Palmerston, ya entendió en la Guerra de Crimea (1853-1856) que eran un instrumento muy eficaz en las guerras modernas no sólo para engañar al enemigo, sino también para ganarse la confianza de la opinión pública y evitarse un disgusto en la retaguardia[1]. Desde entonces, son moneda de cambio corriente en

---

[1] Para contrarrestar las crónicas que mandaba a Gran Bretaña el corresponsal de *The Times* John Russell, en las que retrataba con rigurosidad los estragos de la guerra, el Gobierno dirigido por Lord Palmerston envió a la zona de guerra al fotógrafo Robert Fenton, quien dibujó una realidad idílica que distaba mucho de asemejarse a la realidad de los sufrimientos del Ejército de las Islas.

cualquier conflicto moderno, como es el caso de las estrategias empleadas también por los británicos en la Primera Guerra Mundial o, con posterioridad, por totalitarismos como el del régimen nazi de Hitler y el maestro de la propagando moderna Joseph Goebbels, quienes supieron entender la fuerza de los nuevos medios de comunicación de masas, la radio y el cine, para el adoctrinamiento ciudadano. Así que quien piense que las mentiras que circulan por las redes son un fenómeno nuevo, que se lo quite ya de la cabeza. La novedad reside en que en los últimos veinte años hemos asistido a un incremento tan sostenido en la difusión de las mentiras que ha provocado daños irreparables. Hemos vivido una elefantiasis de la falsedad y las naciones pantalla han sido parte activa en este proceso por estas cinco razones:

1. El desinterés de las tecnológicas para hacer frente a este problema al entender que el negocio de las mentiras les permite seguir engrasando sus máquinas de hacer dinero. Si esto te proporciona un negocio único, mejor no renunciar a él hasta que ya no puedas sacar un dólar más por esta vía.

2. El crecimiento exponencial del número de piezas tóxicas que nutren la industria de la desinformación. El volumen tiende al infinito. El material jamás se acaba.

3. El aumento de la velocidad de distribución de las mentiras, en tiempo real y con ciclos informativos cortos que a veces no sobrepasan ni las 24 horas de duración. ¿Cuánto dura ahora una crisis provocada por un bulo? ¿Días? ¿Horas? ¿Y cuánto tarda en salir otro bulo que reemplaza o refuerza al anterior?

4. El bajo coste de la distribución de las infamias a través de estas redes. En la era del coste cero, basta con tener tiempo, energía, una conexión de banda ancha y cero escrúpulos para entrar en la industria de las falacias.

5. La despenalización social de las mentiras. Las mentiras no generan el suficiente rechazo social si las perpetra alguien de los tuyos: prevalecen sentimientos emocionales como el de pertenencia a una tribu, alimentado por las burbujas

de filtro, que hacen que consumamos contenidos de personas que comparten nuestra manera de ver la vida y colocan en nuestros muros comentarios, opiniones, artículos y zascas de alto potencial de viralidad. A lo sumo, pueden aparecer opiniones contrarias a las nuestras, pero serán opiniones igual de extremistas y agresivas. ¿Por qué? Porque los programadores de los algoritmos también son conscientes de que otra manera de atrapar nuestra atención es ponernos por delante contenidos que nos escandalicen, que nos irriten y que nos enfaden tanto que no seamos capaces de abandonar las pantallas.

Google, Facebook, YouTube o X disponen de un potencial ilimitado para mejorarnos la vida, pero también para convertirla en un lodazal. Pensamos que eran las nuevas bibliotecas de Alejandría, que colmarían la aspiración universal de una conversación global que incluyese a las grandes mayorías y que pusiese freno a los potenciales desmanes de las elites, pero no contábamos con que también podían erigirse en autopistas sin barreras de peaje para las mentiras y que sus dueños alentarían la llegada de facinerosos para así ganar más dinero con los anuncios.

Las plataformas son un negocio en el que todos pueden multiplicar sus ganancias si son capaces de dejar a un lado sus remilgos de buen pastor. Y el negocio de las mentiras fue desde el principio un *low cost* en cual apenas era necesario invertir dinero en fabricar falacias y menos todavía en distribuirlas a través de las redes sociales, en particular en ese Triángulo de las Bermudas algorítmicas de la verdad que componen Google (sobre todo tras hacerse con YouTube), Twitter (ahora X) y Facebook. Nunca en la historia de la humanidad fue tan rápido y barato difundir mentiras. Con ellas nunca se había ganado tanto dinero ni se habían conseguido objetivos políticos, sociales y económicos tan grandes. Y nunca fue tan obscena la connivencia entre quienes las fabricaban y las compañías tecnológicas que permitían su distribución por sus canales.

Las redes y motores de búsqueda eluden su responsabilidad sobre los contenidos parapetándose en su condición de alojadores de los contenidos que circulan por sus canales y se ven con el camino libre para explorar un modelo que invita a la barra libre de los contenidos como fórmula para ganar cantidades cada vez más grandes de dinero. Pero no sólo las redes comprenden este mensaje del *todo vale*. También lo hacen empresas, instituciones y organizaciones que entienden su poder para influir en la opinión pública con millones de mensajes que no tienen por qué ajustarse a la verdad.

Las plataformas se han convertido en los graderíos de un sistema *bulocrático* con las características de un territorio pirata en el que rige la despenalización de las mentiras, un espacio de libertad para las tropelías que creció cuando los propagadores de bulos, entre ellos los negacionistas de salón, descubrieron las posibilidades infinitas de canales de mensajería como WhatsApp o Telegram, con grupos y listas de difusión en los que las mentiras entraban como el cuchillo en la mantequilla.

Tal Hanan es un israelí de unos cincuenta años al que se conoce con el nombre de Jorge. Lidera un equipo que se dedica a la desinformación. En su currículum destaca su intervención para manipular elecciones en decenas de países de casi todos los continentes y su experiencia en espionajes políticos y comerciales y en la distribución de noticias falsas a través de redes –como Facebook– y canales de mensajería –como Telegram–. En 2022, tres periodistas, que trabajaban para un consorcio formado por una treintena de medios de comunicación y coordinado por la ONG francesa Forbidden Stories, lograron contactar con él. Los periodistas, pertenecientes a las plantillas de Radio France, *Haaretz* y *TheMarker,* se hicieron pasar por consultores políticos que trabajaban a sueldo de un dirigente de un país africano que quería posponer unas elecciones en su nación. Hanan se explayó al contarles la eficacia de sus métodos de manipulación, llegando a afirmar que había participado con su *Equipo Jorge* en 33 campañas presidenciales en las cuales logró que sus clientes alcanzaran sus objetivos en 27 ocasiones. Les mostró cómo trabajaba con perfiles falsos y cómo fue capaz de utilizar en 17 de estas elecciones un *software* de desinformación llamado Aims; se jactó de emplear 30.000 avatares ficticios, dispuestos a difundir la información falsa que fuese necesaria para la consecución de los objetivos de sus clientes, y demostró cómo hackeaban cuentas de Gmail y de Telegram. En definitiva, Hanan acreditó que sabía hacer su trabajo y puso sobre la mesa una tarifa para este producto: seis millones de dólares a cambio del retraso de una convocatoria electoral.

Te cuento este caso para reafirmar la idea de que las mentiras nunca se han extendido con tanta eficacia industrial como en la actualidad. Hoy, un traficante de falacias como Tal Hanan cuenta en su muestrario comercial con un catálogo de herramientas para manipular a la opinión pública que incluye hackeos, espionajes de cuentas de correo, móviles y ordenadores y una amplia gama de noticias falsas producidas en formato de noticia escrita, audio o vídeo.

Con la explosión de aplicaciones de inteligencia artificial, la sofisticación de esta industria da un paso más. Nos podemos reír viendo vídeos en los que Messi y Chiquito de la Calzada hablan un inglés con acento argentino o malagueño, pero hay otros usos menos inocentes de estas herramientas. Ya se pueden distribuir vídeos pornográficos protagonizados por nuestros adversarios o por las compañeras de clase del instituto –como hemos visto en el caso de las fotos falsas de niñas desnudas de Almendralejo (Badajoz)–, audios con las voces manipuladas de las personas de quienes más nos fiamos y una constelación de productos visuales que nos permiten sacar una ventaja tramposa sobre el resto.

Una de las lecturas más tenebrosas de esta vuelta de tuerca es la del escaso reproche moral que provocan estas trapacerías. La información sobre las correrías de estos expertos en desinformación se publicó en los medios de comunicación occidentales y se distribuyó por redes sociales y motores de búsqueda. Pero no pasó nada. Hemos naturalizado las campañas basadas en mentiras, exageraciones y distorsiones de la realidad; hemos deshumanizado a nuestros adversarios políticos, convirtiéndolos en guiñoles a los que tratamos como guiñapos, y hemos aprovechado que los ciudadanos se han trasladado en masa a las redes sociales y que estas son permisivas con los engaños para usar estos canales como centros de distribución de las infamias más ridículas y para la adoración de unos liderazgos de rasgos cesaristas.

Un diario norteamericano, *The Washington Post,* calculó que durante su primer mandato, entre 2016 y 2020, Donald Trump había acumulado en torno a 30.000 mentiras que habían sido publicadas[2]. Y al día siguiente de las elecciones que determinaron la salida de Gran Bretaña de la Unión Europea, Nigel Farage, líder del UKIP, reconoció en una entrevista en la BBC que eran falsos los datos sobre el «robo» de más de 300 millones de libras semanales que se iban a Europa en vez de a su sistema nacional de salud, datos que habían sido la columna vertebral de la campaña de los *brexiters.* Pero Trump no perdió por sus mentiras, sino por su gestión del covid y la zozobra financiera que acarreó; más de setenta millones de norteamericanos depositaron en las urnas votos a su favor y, cuatro años después, recuperó la presidencia. Y en Reino Unido, las mentiras del *brexit* dieron paso a Gobiernos cada vez más radicales en sus planteamientos y encumbraron a figuras tan fogosas como Boris Johnson, caído en desgracia por sus fiestas en Downing Street durante el confinamiento (supongo que siempre hay un límite de aguante de golfos). En la cultura del zasca, si te pillan mintiendo, el público te lo refriega en la cara en las redes sociales, pero a veces ni eso. Y, en todo caso, la reprimenda dura horas o uno o dos días como mucho. La mentira queda impune y las medias verdades computan como certezas. Cada uno tiene la suya, como si existieran mil verdades y se pudiesen comprar haciendo un par de clics en Amazon.

La desinformación se nutre de nuestra querencia dramática. Nos llaman la atención las noticias que nos impactan. Y las noticias falsas tienen la ventaja competitiva de que no responden a la verdad, más compleja y aburrida, y pueden revestirse de principio a fin de emociones que nos tocan la fibra; en particular, de emociones negativas que despiertan nuestro odio, rabia o indig-

---

[2] L. Baeza, «Los datos de la desinformación en el mandato de Donald Trump», Newtral, 17 de enero de 2021, disponible en [https://www.newtral.es/datos-desinformacion-fake-bulo-donald-trump-mentiras/20210117/].

nación. Si aún no andamos saturados, nos paramos delante de un telediario cuando hay imágenes de catástrofes y vemos películas y series de acción y de suspense porque nos producen adrenalina. Las plataformas lo saben. Y los líderes pendencieros y dispuestos a usar todas las tretas posibles para salirse con la suya, también. Hari, autor a quien ya he citado, lo describe en esta entrevista publicada en *El independiente* en la que, refiriéndose a las plataformas tecnológicas, sostiene lo siguiente:

> Aplican lo que en psicología humana se conoce desde hace 90 años como sesgo de negatividad. Es muy simple, los seres humanos miran más las cosas que les enfadan y molestan que las cosas que les hacen sentir bien. Esto siempre ha estado ahí como parte de nuestra naturaleza. Pero cuando se combina con un algoritmo diseñado para mantener la atención tiene un resultado desastroso. Imagina una sociedad en la que se da esa dinámica, en la que la gente sensata y decente es silenciada y empujada a la parte de atrás y la gente hostil y loca es empujada a la parte de delante. Bueno, no tienes que imaginarlo porque lo hemos estado viviendo. Todos sabemos de Trump, del *brexit,* de Bolsonaro [...]. Jair Bolsonaro era un senador de extrema derecha olvidado hasta que los algoritmos particulares de YouTube empezaron a priorizarlo haciendo declaraciones escandalosas y él haciéndose viral, y Facebook hizo lo mismo. Y es por eso que la noche en que Bolsonaro ganó, ¿qué coreaban sus seguidores? ¡¡Facebook, Facebook, Facebook!! [3].

La periodista Carmela Ríos, especializada en el análisis de cómo las redes sociales están influyendo y afectando en nuestras vidas, cuenta también que España es un parque temático de la desinformación, un espacio para la impunidad de unos piratas a los que define como *Las Toñis,* en un homenaje irónico a un fa-

---

[3] R. Ordóñez, «Crisis de la atención: "La interrupción constante es peor que estar colocado"», *El Independiente,* 14 de enero de 2023, disponible en [https://www.elindependiente.com/sociedad/2023/01/14/crisis-de-la-atencion-la-interrupcion-constante-es-peor-que-estar-colocado/].

moso perfil falso que se hace llamar Toñi y que se dedica a lanzar tuits disparatados desde una perspectiva progresista, con el único fin de manchar la imagen de esas mismas causas progresistas que supuestamente defiende la persona detrás de esa cuenta[4]. Un ataque bajo bandera falsa.

El impacto de las noticias falsas en la erosión de la confianza en las democracias, en las desestabilizaciones de regímenes políticos y en la manipulación de la opinión pública no sería posible sin la oportunidad que les han ofrecido las naciones pantalla a los traficantes de bulos para que distribuyan y compartan sus contenidos por las redes. Pero los ciudadanos no estamos exentos de la crítica. Los memes y los zascas son divertidos, pero si sólo nos alimentamos mediáticamente de ellos y le damos la misma importancia al directo de un Twitch de un chico que no sale de su dormitorio o al disparate que nos llega a través del grupo de WhatsApp de la familia que a lo que se diga en un telediario o en las páginas de Política de un diario local o nacional, algo de responsabilidad tendremos. Hay que asumir la crítica si somos de gatillo fácil cuando compartimos un vídeo que sabemos a ciencia cierta que está manipulado o criticamos en X la mentira de los adversarios mientras que silenciamos la de los líderes a quienes apoyamos.

¿Y cuál es la culpa de las tecnológicas en todo esto? Pues que no han querido matar su gallina de los bulos de oro. Su negocio es la publicidad programática. Para que esta funcione, se necesita un negocio que adquiera volumen. Cuanto más volumen, cuantas más visitas, más posibilidades de ofrecer paquetes publicitarios y de hacer dinero. Da igual la calidad, la veracidad o la rigurosidad de la pieza que aporta esas visitas. Lo que importa es el clic, no el contenido del clic. Y si lo que importa es el clic y no lo que aparece en el clic, nos encaminamos hacia la parte más tóxica de esta cadena de valor: de lo que se trata es de aceptar todo tipo de piezas y alentar aquellas que atraigan más visitas; clics virales entre los que se sitúan, por su poder de atracción, todos

---

[4] C. Ríos, «Las amigas de Toñi», *El País,* 23 de febrero de 2023, disponible en [https://elpais.com/opinion/2023-02-23/las-amigas-de-toni.html].

aquellos que enlazan a noticias que generan tráfico por su carácter visceral, emocional, escandaloso y mayormente político.

Mentir es un ejercicio de *low cost*. Un ejemplo de *bulocracia* líquida. Y este desdén nos pasa factura. Nos hemos dejado engatusar por la promesa de un mundo de plazas digitales para la conversación, para las celebraciones virtuales, para las conexiones felices con nuestros amigos y para la mayor oferta de conocimiento jamás vista, cuando en realidad estábamos ante un mercado de subastas publicitarias, un sistema basado en la producción infinita de contenidos con los que mantener a las personas pegadas a sus pantallas, y que falla en los cuatro puntos capitales de su cadena de valor:

1. En la producción, porque pone demasiado fácil el acceso a estas redes a todo tipo de facinerosos. No es que sea fácil colar un bulo en alguna de estas redes, es que, si ese es tu interés, es imposible no lograrlo.
2. En la distribución, porque estas naciones pantalla no se han recatado en promover cualquier contenido viral para hacer caja, sin importarles en absoluto el cariz de ese contenido.
3. En la atención de sus usuarios, porque han empleado todo tipo de artimañas para tenerlos pegados a sus pantallas como adictos sin control. La batalla entre las distintas se dirime en el terreno de la atención. Quien logra enganchar a más usuarios delante de sus productos es la que vence. Y lo que importa no es el modo en que se logra, sino el resultado que se consigue. El fin justifica cualquier medio.
4. En el uso de los datos personales de sus usuarios, porque se han empleado para convertirlos en un producto del mercado de la publicidad programática.

Esta era de los hechos alternativos funciona con dos *principios*: a) la verdad no importa, lo que vale es lo que percibe la opinión pública; y b) todas las opiniones son válidas, por muy insostenibles que nos puedan parecer. Y para que estos principios cobren fuerza, hacen falta también dos premisas: en primer lugar, que aceptemos que ya no existe el principio de autoridad basado en la experiencia, la racionalidad y el consenso científico, y en segundo lugar, que ya no hay un acuerdo general en torno a los principios y valores de las constituciones modernas laicas y a los valores humanistas de las religiones.

El filósofo Diego S. Garrocho dice al respecto lo siguiente: «Que un ignorante pueda opinar es democráticamente saludable, pero que a cualquier opinión le concedamos algún valor es un absurdo letal que acabará volviéndose en nuestra contra». Pues bien, pasa lo contrario. Lo que diga un epidemiólogo sobre una pandemia mundial tiene el mismo valor que lo que sostenga sobre ella un concejal de Obras Públicas de un ayuntamiento del Ampurdán, un tertuliano de la televisión gallega, el usuario húngaro de un grupo público de Facebook o ese mismo presidente de Estados Unidos de Norteamérica que aconsejaba en su primer mandato inyecciones de lejía para luchar contra el covid-19. Un ejemplo del efecto Dunning-Kruger y también de cómo las convenciones sociales se subvierten hasta que convengan a nuestros intereses[5].

La afición al terraplanismo y a esas noticias que, en la jerga conspiratoria, «nunca verás en los medios» tiene una importancia relativa en la erosión de la calidad democrática de las sociedades. Un espectador de un programa de esta naturaleza puede estar convencido de que los extraterrestres nos gobiernan a través de personas intermedias o que los poderosos del mundo comandados por Bill Gates se reúnen los fines de semana en algún hotel de los Alpes suizos para decidir el destino de los habitantes del planeta, pero esa creencia esotérica no suele salir de su limitado radio de acción, por muy amplio que este sea. Pocos leen un libro sobre el club Bilderberg y piensan que hay que cambiar el orden mundial. Y si lo piensan, no pasan de manifestarlo en un grupo de WhatsApp, volcando sus opiniones en un blog o llamando de madrugada a una emisora de radio en la que se pregone el fin del mundo. Como industria puede ser muy lucrativa. Pero no es tan lesiva.

---

[5] «Efecto Dunning-Kruger», Wikipedia [https://es.wikipedia.org/wiki/Efecto_Dunning-Kruger].

El daño sí es mayor cuando quien practica esta suerte de pensamiento esotérico es un dirigente político. La política es una cuenta de resultados. Y los populistas de uno y otro extremo del arco ideológico han encontrado cobijo en una fórmula en la que se combina el desafecto hacia las elites que no han respondido a los desafíos de las últimas crisis, con la oferta de las soluciones más simples a los problemas más complejos. Todo embutido con una grasa emocional que apela a los sentimientos y que usa las mentiras de forma masiva en beneficio propio. Pensábamos que Trump era insuperable cuando llegó Bolsonaro. Y pensábamos que Bolsonaro era el colmo de los extremos cuando arribaron el salvadoreño Bukele, el argentino Milei y el español Alvise. La combinación de populismo, agresividad, lanzamiento masivo de bulos y brujería electoral es más potente de lo que podamos pensar quienes creemos que la racionalidad es el mejor filtro para entender la realidad. La orgía conspiranoica funciona en la política cuando hay un caldo de cultivo para el hartazgo ciudadano y cuando tenemos altavoces y herramientas para difundir en tiempo real cualquier patochada calenturienta hasta el último rincón del planeta.

La tentación de ponerse distópicos está a un paso, pero no llegaré a tanto. En todo caso, lo que sí tenemos que reconocer es que estamos aprendiendo a convivir con las mentiras en el espacio público y que, de tanto acostumbrarnos a ellas, las hemos aceptado como un mal menor del que nadie se acordará cuando hayan pasado unos cuantos días. Las naciones pantalla deben darse cuenta del peligro que corren si mantienen la actitud propia del que no se responsabiliza de lo que hace. Quedarse impávidos ante el vertido de las mentiras, cruzarse de brazos o encomendarse a todos los santos no son opciones para luchar contra los efectos del mal uso de estas plataformas. El edén de los populistas que usan el engaño, el trazo grueso y la caricatura dibujada con el bolígrafo de las falsedades tiene que cambiar; si no se puede, hay que limitar su uso con nuevas reglas o, por qué no, si las cosas se ponen peor, pensando en cerrar el local.

XIII

EL FENTANILO DE LAS DEMOCRACIAS

En la última década, los partidos están utilizando mucho la estrategia –con frecuencia de manera ni siquiera velada, sino muy explícita– de buscar continuamente los temas de la agenda que dividen al contrario, y que a ellos los unen. Eso crea una dinámica que es muy perversa, porque el debate ya no gira en torno a las propuestas en positivo. Una ingente cantidad de asesores y analistas trabaja para ver qué divide a los otros, con lo que se genera una situación en la cual los votantes tienen la sensación de que existe una división mayor de la que realmente hay. Porque los partidos, y singularmente los más extremos, están buscando siempre temas que dividan a la población.

Luis Miller, autor de *Polarizados*

En el ensayo *Cómo mueren las democracias*, los profesores de Harvard Steven Levitsky y Daniel Ziblatt explican por qué piensan que la democracia estadounidense está en peligro por el resquebrajamiento del edificio constitucional y por la irrupción de populismos demagógicos de nuevo cuño que rompen los cinturones de seguridad de las democracias. En el ensayo se describen procesos de conversión de democracias frágiles a regímenes iliberales, como en Filipinas, Perú, Brasil, El Salvador o Venezuela, y se defiende la idea de que, con sus salvedades, la primera potencia del mundo que aún es Estados Unidos podría correr la misma suerte que otros países aquejados del virus populista. Levitsky y Ziblatt describen con detalle cómo se forjó el sistema democrático norteamericano y cómo, desde la década de finales de los noventa del siglo pasado, con la irrupción del republicanismo duro de Newt Gingrich y su política de destrucción total del adversario demócrata, el Partido Republicano inició la voladura de un sistema de equilibrios basado en la contención, la tolerancia mutua y el respeto a las reglas del juego, El odio, el resentimiento y la ira fueron desde entonces determinantes en la discusión política de un país cada vez más polarizado. Y pudimos ver cómo se usó la mentira en todas sus variantes como una herramienta para la aniquilación política del contrario y cómo se fueron usando cada vez más los nuevos medios sociales para la distribución de las infamias.

El proceso constaría de las siguientes etapas: los autoritarios que buscan hacerse con el poder en las democracias parten de discursos alimentados con argumentos emocionales que canalizan a su favor el enfado, la indignación y la ira que puedan sentir los ciudadanos como consecuencia de la mala gestión de sus Gobiernos. Cuando toman el poder, en muchas ocasiones por vías democráticas, dedican sus esfuerzos a la demolición del edificio político existente mediante la ocupación masiva de las instituciones con cargos afines y a través de la creación de nuevas estructuras cuya única meta es la consolidación del régimen autoritario. A ello suman también el acoso a los adversarios políticos y la neutralización de los medios de comunicación que cumplan con una función crítica con el poder, y su sustitución por medios de comunicación «amigos». Por último, incluyen las reformas de sus cartas magnas para perpetuarse en el poder.

Lo que cuentan Levitsky y Ziblatt es algo que vemos a diario en las páginas de Internacional de los grandes medios globales y que se extiende a más países. En los últimos años, asistimos a una discusión vehemente entre quienes defienden el marco tradicional de las democracias liberales y quienes propagan políticas que se nutren de la mezcla explosiva del populismo, el nacionalismo y el negacionismo. En este terreno, las naciones pantalla no son sólo el escenario en el que se dirimen las diferencias de criterio de unos y otros, sino que también son juez y parte. Son agentes en la difusión de un virus que es letal para el cuerpo de las democracias y que se extiende sobre él con rapidez y virulencia, porque estas naciones pantalla ganan mucho dinero permitiendo que se difundan toneladas de bilis política a través de sus cuentas. Levitsky y Ziblatt afirman, finalmente, que la erosión de las instituciones es fruto, entre otras razones, de que los demagogos han logrado eludir los sistemas de cribado de las democracias por el deterioro paulatino en la confianza en el sistema.

Pues bien, aquí quiero afirmar que también han fracasado los mecanismos de contrapeso informativo de las democracias por el hundimiento del sistema mediático tradicional y por su sustitución por un sistema tan laxo como el de las naciones pantalla. Y si tienes algunas dudas, piensa en el papel de Elon Musk y de su red social X en la propagación de las ideas más incendiarias de Donald Trump en las elecciones estadounidenses de 2024.

La combinación de nuevas herramientas tecnológicas al alcance de las grandes mayorías y la crisis de confianza en los sistemas tradicionales crea las condiciones ambientales para el uso de las mentiras para influir en las opiniones de los ciudadanos. Y la *infodemia* se expande porque la distribución masiva de las falsedades proporciona resultados beneficiosos para los intereses de quienes las usan y porque los actores tradicionales del mundo analógico no terminan de dar con la vacuna que nos proteja de la explosión global de las infamias.

La mentira se propaga a mayor velocidad que la verdad, gracias a que suele llevar una carga emocional que incita al disparo virtual, al retuit indignado y a la crispación compartida en las pantallas, que nos permiten vomitar nuestras ansiedades y enfados incluso desde el anonimato. Y nos hemos acostumbrado a convivir con ella.

Mark Thompson, ex director general de la BBC y *The New York Times* y hoy principal ejecutivo de la CNN, se refiere a este asunto en su ensayo *Sin palabras: ¿Qué ha pasado con el lenguaje de la política?*, en el que reflexiona sobre la deriva emocional del lenguaje empleado por la dirigencia política de las sociedades occidentales. Thompson advierte sobre peligros que provienen de la ruptura de la confianza y de la conversión del escenario de la conversación social en un lodazal donde los políticos aceptan con ligereza que el engaño, la manipulación y la mentira forman parte de la caja de herramientas del dirigente moderno.

La exacerbación de las diferencias obliga a la simplificación de los debates en busca de titulares gruesos que entren en las listas de *trending topics* y en los totales de los telediarios de las cadenas generalistas. Y los líderes sustituyen en sus equipos a los viejos asesores analógicos por jóvenes depredadores que estaban en el jardín de infancia cuando Zuckerberg se alió con el brasileño Eduardo Saverin para escribir las primeras letras del código de Facebook en su habitación del campus de Harvard. En el camino, hemos pasado de los discursos a los argumentarios de partido y de los argumentarios de partido a los zascas, a los memes y a los bulos. Todo bien digerido para que los parroquianos digitales de sus partidos puedan expandir el mensaje de sus líderes desde sus megáfonos virtuales.

La estrategia de uso masivo de las mentiras se ha convertido en una actividad productiva más, en un bien que se consume y da beneficios gracias a la ley de la oferta y la demanda en la era de los algoritmos al servicio de los memes. En política, nos ha hecho pasar de una democracia representativa clásica a otra asamblearia, emocional y compulsiva en la que se usan argumentos propios de los programas de telerrealidad. En esta estrategia de populismo primario, es importante que todo se iguale. Todos se embarran y chapotean. Y quien no lo haga, pasa al armario de los tibios, los blandos y los equidistantes. O eres de los unos, o eres de los otros. Elige trinchera. A las pantallas se viene a combatir al contrario, no a sus ideas. Y las mentiras son una herramienta más para la lucha. Si acaso, de las más efectivas.

La riada de bilis se ha expandido a una escala inimaginable. Antes vomitabas tu odio, tu indignación o tu desprecio en la barra de un bar y te escuchaban los parroquianos habituales del establecimiento; las tonterías del imbécil de turno se quedaban en su círculo, mientras que hoy pueden ser escrutadas por millones de personas si caen bajo el influjo de lo viral. La discusión ha dado paso al intercambio de zascas y al linchamiento virtual del que discrepa. Los hooligans se han adueñado de las conversaciones más o menos públicas, sobre todo cuando estas giran sobre cualquiera de las batallas culturales e identitarias que colonizan la agenda de los partidos políticos y de los movimientos sociales. Y muchos de los usuarios más o menos templados abandonan estas redes o se mudan a otras menos agresivas como Instagram o LinkedIn.

El trazo grueso y el etiquetado funcionan. El formato de los programas de entretenimiento político necesita de opiniones contrarias entre sí para enganchar a una audiencia que necesita ponerse de parte de alguien y en contra de quien esté enfrente. Es un comportamiento que explicó Philip Tetlok aludiendo a la distinción entre las personas con espíritu de zorro y las personas con el temperamento de un erizo y que recoge Daniel Kahneman en su ensayo *Pensar rápido, pensar despacio:*

> Los erizos saben muchísimo y tienen una teoría sobre el mundo; explican aconteceres particulares dentro de un marco coherente, se erizan con impaciencia contra aquellos que no ven las cosas a su manera y confían plenamente en sus previsiones. Son también especialmente renuentes a admitir el error. Son dogmáticos y claros, que es precisamente lo que a los productores de televisión les gusta ver en los programas. Dos erizos situados en lados opuestos y atacando las ideas idiotas del adversario hacen un buen espectáculo. Los zorros, por el contrario, piensan de un modo más complejo. No creen que haya una gran cosa que guíe la marcha de la historia. Los zorros más bien reconocen que la realidad emerge de las interacciones de muchos agentes y fuerzas diferentes, incluido el ciego azar. Es menos probable que los zorros sean invitados, frente a los erizos, a participar en los debates televisivos.

Con excepciones, cuanto más clara sea la posición ideológica de unos y de otros, mejor para la audiencia y para el futuro como tertulianos de estos mismos comentaristas, algunos transformados por voluntad propia en activistas de argumentario, de quienes sólo nos cabe dudar si son tan sectarios como parecen o si se están limitando a cumplir un papel que los permita seguir en la rueda de las televisiones.

Pero ¿a qué le llamamos polarización ahora que le llamamos polarización a casi todo? Es importante precisarlo, porque, si no, corremos el peligro de despachar con la acusación de ser un extremista a cualquiera que discuta con pasión sobre cualquier asunto público. Y no es eso. Nos relacionamos a través de la confrontación de las ideas, entendiendo que la mejor manera de mejorar es pelearlas y llegar a acuerdos en las instituciones que nos representan y también en los foros en los que nos manifestamos.

Cito aquí al escritor Sergio del Molino cuando advierte del peligro de que nos parezca que todo el que disiente de nosotros es un maldito ultra que sólo quiere polarizarnos hasta el exterminio:

> Ningún demócrata debería ver el conflicto y la discusión como un problema. Ni siquiera cuando son broncas, de mal gusto y navajeras (verbalmente navajeras). El único peligro para una democracia es que quienes discuten se convenzan de que hay una forma de convivir mejor que la discusión perpetua y empiecen a soñar con paraísos de paz y unanimidad como Arabia Saudí o China. La cosa se pone fea cuando los unos se hacen la ilusión de vivir sin los otros y dejan de entender que convivir no significa caminar de la mano en armonía por prados floreados, sino compartir plaza (y mantel y tal vez cama) con quien te lleva la contraria hasta sacarte de quicio[1].

La democracia no es un parque temático donde todos cantamos loas al gran timonel y donde el que discrepa es un enemigo satánico que quiere destruir nuestro paraíso de bondad. Es un sistema de gestión de los asuntos comunes en el que se canalizan nuestras diferencias disputando legítimamente los intereses de unos y de otros y procurando que la resolución de nuestras diferencias no se haga a través de un duelo con navajas de Albacete o con tanques *Leopard*. La discusión es el nutriente esencial de toda sociedad democrática y un ingrediente básico para mejorar como ciudadanos.

Somos seres grupales, tribales. Nos preocupamos por nuestros grupos y defendemos lo que defienden los nuestros. Jonathan Haidt cita en su libro *La mente de los justos: Por qué la política y la religión dividen a la gente sensata* al politólogo Don Kinder cuando sostiene que «en cuestiones de opinión pública,

---

[1] S. del Molino, «Bendita polarización», *El País,* 25 de enero de 2023, disponible en [https://elpais.com/opinion/2023-01-25/bendita-polarizacion.html].

los ciudadanos parecen preguntarse a sí mismos no cómo me beneficia esto, sino, más bien, cómo beneficia esto a mi grupo». Haidt agrega además que nuestras opiniones políticas funcionan como «insignias de membresía social»: «Son como la serie de pegatinas que la gente coloca en sus coches que muestran las causas políticas, universidades y equipos deportivos que apoya. Nuestra política es grupal, no egoísta». Haidt apunta a la responsabilidad de las redes sociales en este desaguisado en un artículo publicado en la revista *Letras Libres,* en el que, a su vez, hace alusión a otro sobre las redes sociales publicado en *The Atlantic*:

> Unos pequeños cambios en la arquitectura de las plataformas de las redes sociales, implementados de 2009 a 2012, incrementaron la *viralidad* de las publicaciones en esas plataformas, y eso transformó la naturaleza de las redes sociales. La gente podía diseminar rumores y medias verdades más deprisa, y podía distribuirlos más fácilmente en tribus homogéneas. Lo que es todavía más importante, en mi opinión, era que plataformas como Twitter o Facebook podían ser utilizadas con más facilidad por cualquiera para atacar a quien quisiera. Era como si las plataformas hubieran entregado un billón de dardos y, aunque la mayoría de los usuarios no quería tirárselos a nadie, tres tipos de personas empezaron a lanzárselos a otros con desenfreno: la extrema derecha, la extrema izquierda y los *trolls*[2].

La polarización es también un asunto de escalas y de intensidad. Si el debate se mueve en una horquilla de baja o de media intensidad, estaremos ante una discusión homologada que nos permitirá llegar a acuerdos que nos hagan seguir adelante sin matarnos los unos a los otros. Si el debate sube en intensidad y se inflama, el sistema también lo soporta. Sufre una prueba de estrés, pero si la democracia es fuerte, lo aguanta sin mayores dramatismos. El problema surge cuando el debate no sólo se

---

[2] J. Haidt, «Por qué las redes sociales debilitan la democracia», *Letras Libres,* 1 de octubre de 2022, disponible en [https://letraslibres.com/revista/por-que-las-redes-sociales-debilitan-la-democracia/].

inflama, sino que se emplean para ganarlo herramientas de destrucción masiva como las noticias falsas, los lugares comunes de dudosa procedencia, los argumentarios simples y la deshumanización del adversario.

Un objetivo nada disimulado de quienes practican la polarización es la fractura social mediante la ruptura de los consensos y la distribución de mensajes que nieguen el pan, la sal y la palabra al contrario. La deshumanización del adversario que definió Ortega y Gasset hace un siglo, ahora en todas las pantallas. Un ejemplo de estas escaramuzas tribales es el de las elecciones generales celebradas en España en julio de 2023, ganadas por el Partido Popular sin que su victoria le sirviera para gobernar (el candidato del PSOE, Pedro Sánchez, logró ser investido presidente del Gobierno gracias al apoyo de otras fuerzas de izquierdas, de nacionalistas de derechas y de los independentistas catalanes y vascos). Durante la noche de las elecciones, uno de los gritos que se escuchó en la sede nacional del PP, en la calle Génova de Madrid, fue el «¡Que te vote Txapote!» (en referencia al terrorista de ETA que asesinó en Ermua al concejal del PP Miguel Ángel Blanco), con el que las derechas pretendían insultar al candidato Pedro Sánchez por sus pactos con Bildu –partido al que se le atribuye estar en parte formado por lo que una década antes era la rama política de la banda terrorista vasca ETA, que asesinó a casi un millar de personas en su larga trayectoria criminal–. A no muchos kilómetros de allí, en la calle Ferraz de la capital (sede federal de los socialistas), los simpatizantes de este partido que festejaban que los números les daban para seguir gobernando vociferaban el «¡No pasarán!», un grito belicista que usaban las fuerzas republicanas que defendían Madrid de los fascistas en los años de la Guerra Civil, entre 1936 y 1939.

En esa campaña la mesura fue desterrada sin misericordia, pese a que el consenso constitucional de las grandes fuerzas nos había proporcionado más de cuatro décadas de estabilidad democrática, una anomalía en un país como España en el que el duelo a garrotazos de Francisco de Goya representa tanto nuestro espíritu. Todo parecía una lucha a muerte entre las fuerzas del bien y del mal, en un ejercicio de deslegitimación del adversario en el que se habló muy poco de los problemas de los españoles y demasiado de las mentiras de unos y de otros.

Las naciones pantalla han alimentado discursos extremistas como estos, más preocupados por exprimir la caja registradora que por frenar la belicosidad que anidaba en sus plazas públicas. No han tenido reparos en permitir que los hooligans taladren los cimientos de nuestra democracia, viciando el aire que compartimos a través de los contenidos de odio y de las falacias que distribuyen a través de estos canales sin obstáculo alguno. La agresividad y la crispación acaparan los espacios de opinión. Las posibilidades de contaminar el cuerpo social se han disparado, generando un ambiente de asfixia y de opresión que casa muy mal con la concepción del debate público que tenemos en las sociedades abiertas.

Estrategas, asesores y el resto de los profesionales de las tribus políticas han entendido que la polarización es el mejor combustible para armar un sentimiento de adhesión a una posición política. Fibra emocional en busca del *engagement*. Y esa fibra no se toca con discursos complejos sobre el sistema de pensiones o el techo presupuestario de gasto, sino con ideas sencillas sobre asuntos con un anclaje ideológico, como las posiciones ligadas a la unidad de la nación, la igualdad de derechos de la mujer y el hombre, la inmigración, la pobreza o el racismo.

Los equipos de estrategia política usan técnicas de captación del voto y para la desactivación del voto del contrario que no son aptas para pieles sensibles. Se miente, se difama, se falsea, se exagera y se distorsiona en favor de los intereses del jefe de filas. Los expertos en campañas de negación se cotizan como estrellas de primer nivel y ganan premios de estrategia política. Asimismo, los adeptos participan del aquelarre llevados por sus convicciones y pasiones. Los partidos políticos reclutan ejércitos de hooligans a los que arman con ordenadores con el objetivo de llenar la orilla de internet de mensajes favorables a sus líderes y organizaciones y críticos con sus adversarios. Y, en este juego, lo de menos es que el ataque al rival esté o no fundado.

XIV

LOS POLICÍAS DEL PENSAMIENTO HISTÉRICAMENTE CORRECTO

> Las redes sociales hicieron tres cosas para dividir a la sociedad en muchas tribus, a veces superpuestas y a veces en guerra unas contra otras: crearon unas condiciones en las que es muy fácil organizarse en grupos con ideas afines; unas condiciones en las que se difunden más las opiniones más radicales, y, por último, que ayudaron a esa gente a movilizarse de una forma más eficaz.
>
> A. G. Sulzberger, editor de *The New York Times*
> (entrevista de Eduardo Suárez para el Reuters Institute
> de la Universidad de Oxford)

Las naciones pantalla no destierran el pensamiento crítico, pero lo arrinconan por el método del aplastamiento. Por cada información rigurosa, encontramos 10, 15 o 20 noticias falsas firmadas por trileros digitales o por indignados hiperventilados; por cada análisis crítico, decenas y decenas de titulares impactantes y sensacionalistas que incrementan las ganancias de sus autores.

¿Quién no cae en este contexto en la tentación de los contenidos que pasan de populares a populistas? Y, es más, en estas circunstancias, ¿a quién demonios le importa el aplastamiento del pensamiento crítico o la proliferación de tuiteros fanatizados? Twitter no se creó para los discípulos de Aristóteles. Y la X de Elon Musk, menos aún. Las huestes de los totalitarios colonizan estas redes y dictan virtualmente sentencias exprés contra quienes osen disentir de ellos. Se trata de odiadores profesionales (*haters*, por su nombre en inglés, en la jerga de X) que acosan y vituperan a sus adversarios y fomentan los linchamientos virtuales de quienes defienden otras ideas, conformando un ambiente tabernario que, como mencionaba en el capítulo anterior, expulsa a los usuarios de naturaleza más tibia y moderada.

Estos Millán-Astray de las redes, aprendices de inquisidores, practican el matonismo virtual mediante el amedrentamiento de rebaño y sólo descansan cuando la víctima se pliega y cierra sus cuentas sociales para acabar con la presión a la que se ve sometido. A veces, también en las propias filas ideológicas, pues la disidencia se convierte en estos entornos en un pecado capital que merece el peor de los castigos.

Esta tendencia se manifiesta en un fenómeno tan propio de nuestro tiempo como el de la cultura de la cancelación, muy dañino para las democracias por dos razones: 1) porque constriñe la celebración de debates abiertos y plurales y 2) porque provoca un ejercicio masivo de autocensura de quienes no quieren ser linchados públicamente por sus tribus y prefieren no despertar el interés de la policía de lo políticamente correcto.

James Bennet, director de Opinión de *The New York Times* en 2020, dimitió de su puesto por la publicación de un artículo de un senador en el que defendía la intervención militar para sofocar los estallidos de violencia acaecidos tras el asesinato de Floyd a manos de agentes policiales de Minnesota. También lo hicieron dos cargos de la Poetry Foundation, porque, según una carta de una treintena de autores, el comunicado de denuncia de esta institución sobre la actuación policial había sido demasiado «tibio». Y más de 150 intelectuales anglosajones como Noam Chomsky, Margaret Atwood, Mark Lilla o Martin Amis publicaron en el verano de ese mismo año de la pandemia un manifiesto en la revista *Harper's* en el que denunciaban los excesos y la intolerancia de determinada izquierda activista y reclamaban el derecho a discrepar sin atenerse al castigo que podrían sufrir, en ocasiones en forma de despidos, destituciones o vetos en sus carreras profesionales. Las mismas reacciones al manifiesto avalaban la necesidad de su firma: decenas y decenas de críticas feroces obligaban a algunos de los intelectuales firmantes a retractarse de su apoyo para evitar el linchamiento social, mediático y virtual al que fueron sometidos en cuanto se publicó el documento. Un episodio ingrato más de esta cultura de la cancelación; un nombre quizá demasiado sofisticado para definir a los censores inquisitoriales que ejercen de policías del pensamiento único dispuestos a defender ante quien sea la pureza ideológica de la tribu. El aroma a caza de brujas impregna el ambiente en la misma proporción que el miedo a salirse del carril de lo correcto, el temor a desmarcarse de la tribu y ser castigado por pensar distinto. Una dictadura ideológica que estrecha los circuitos del debate y nos deja en manos de presuntos mártires de la democracia, erigidos en depositarios de las verdades absolutas y excluyentes.

Víctor Vázquez, profesor de Derecho Constitucional en la Universidad de Sevilla, da pistas de esta evolución en una entrevista[1] concedida a José María Rondón en *Crónica Global* con motivo de la publicación de su libro *La libertad del artista: Censuras, límites y cancelaciones*:

> La cultura de la libertad de expresión nos condujo hace nada a la conclusión de que teníamos que vivir con ideas molestas. Sin embargo, las redes sociales y, en consecuencia, la sensación de que vives en un mundo que piensa como tú y donde la indignación parece ser una causa común y universal han generado ese sentimiento de que puedo oponerme jurídicamente a cualquier cosa que me ofenda. Parece que tengo derecho a prohibir aquello que me ofende. Luego, está la capacidad de la red para condenar al ostracismo o hacer pagar determinadas irreverencias a los artistas. No hace falta ir a los tribunales; cualquiera puede poner en práctica estrategias censoras muy eficaces desde las plataformas digitales, hasta el punto de enclaustrar al artista que se haya atrevido a pisar el terreno de la irreverencia.

Quien dice «el artista», puede decir aquí el periodista, el político o cualquier ciudadano que pise un charco político sin atenerse a las reglas del juego de una nueva moral; esa que confunde el respeto de los derechos de los demás con una mojiga-

---

[1] J. M. Rondón, «Víctor J. Vázquez: "Vivimos un periodo de regresión para las libertades artísticas"», *Crónica Global*, 20 de julio de 2023, disponible en [https://cronicaglobal.elespanol.com/letraglobal/letras/20230720/victor-vazquez-vivimos-periodo-regresion-libertades-artisticas/778922178_0.html].

tería puritana y censora que pretende moldear la realidad a su gusto, sin atenerse al criterio, ni al temperamento ni a la libertad de esos otros. Un concepto muy alicorto de la libertad de expresión que achica el campo de juego de las democracias ante el beneplácito de las masas, que asisten alborozadas a los linchamientos, acosos y censuras que se suceden en una plaza para la conversación reconvertida en un patíbulo del pensamiento más o menos libre. Uno en el que, para mayor desgracia nuestra, también participan nuestros Estados, como también concluye Vázquez:

> La batalla cultural existe y se está librando en la sociedad, pero el Estado no puede ser parte. Es más, debe garantizar que en esa lucha no se emplean coacciones, amenazas… La cultura de la cancelación es algo que, en principio, no tiene relevancia jurídica. Yo puedo hacer una campaña contra un director de cine para que no se vaya a ver su última película, pero no puedo mandar a unos señores a la puerta de la sala para intimidar a aquellos espectadores que han decidido ir a la proyección. Y, a veces, se pasa esa frontera.

Se está traspasando tanto la frontera que nos hemos acostumbrado a aceptar esta involución de la cancelación con la resignación de quien prefiere la discreción para evitar ser el siguiente. Y no hay otra opción que hacer frente a los agentes de la nueva moral, si no queremos que esta policía de lo políticamente correcto sea una heredera 4.0 de los viejos moralistas que emprendieron su caza de brujas al estilo de McCarthy a mediados del pasado siglo.

La libertad no casa bien con el revisionismo y la vigilancia del contrario, ni aunque se alimente de las mejores intenciones. Y algo de esto vivimos en una época en la que, a partir de la necesidad de salvaguardar y extender los derechos y libertades civiles y reparar injusticias del pasado, asistimos a un movimiento pendular en el que algunas víctimas se transforman en inquisidores de sus antiguos verdugos y de quien se atreva a disentir, denunciar, criticar o matizar. Las sociedades democráticas avanzadas hacen esfuerzos por conciliar posiciones diferentes, en favor de una convivencia que se sujeta sobre determinadas reglas del juego aceptadas por una amplia mayoría de ciudadanos. Pero este esfuerzo convive con el auge de un revanchismo que usa las redes como escenario donde mostrar sus filias y sus fobias.

Ese revanchismo nutre el pensamiento *woke* (en español, despierto), una corriente de ideas nacida en el seno de universidades norteamericanas desde una premisa justa: la necesidad de observar la realidad desde una perspectiva diversa que no sea la del hegemónico hombre blanco, heterosexual y cristiano, que es la que predomina en las sociedades occidentales. Pero ello ha derivado en situaciones que podían parecer hasta risibles, como la de que se quiera cambiar el lenguaje y expresiones que usaban escritores del siglo pasado, como los británicos Agatha Christie o Roald Dahl, o la de que, hoy en día, algunas editoriales anglosajonas hayan introducido en sus equipos una nueva posición: la de los *sensivity readers*, lectores que detectan en los escritos de sus autores expresiones, frases o palabras que puedan ofender a alguna minoría.

La lucha en favor de causas justas, como la equiparación de los derechos de la mujer y el hombre, la oposición a las desigualdades raciales o la defensa de los derechos LGTBI, se ha visto ensombrecida por activistas que han usado las redes sociales para los linchamientos de personas que han expresado reparos a algunos planteamientos blindados por la percepción de lo políticamente correcto. Y en el otro extremo de la sensibilidad ideológica, otros activistas de la trinchera digital con la testosterona inflamada se han erigido a su vez en valedores belicosos de los principios y valores tradicionales, y han usado las redes para emprender sus cruzadas con planteamientos ultramontanos en asuntos en los que ya disfrutábamos de un cierto consenso, como la inmigración, el aborto, el matrimonio igualitario, la memoria histórica, el racismo o la desigualdad.

En estas discusiones late la idea de que estamos asistiendo de nuevo a esa guerra cultural entre dos bandos. Pero me cuidaría de no llegar al extremo de llamarlo así, aunque sólo sea por una cuestión de marcos mentales. Si aceptamos que es una guerra y que es cultural, daremos carta de naturaleza al enfrentamiento y lo llevaremos al territorio que desean los extremistas, un campo invadido por las hordas de activistas pertrechados con sus cargamentos de *bots* y dispuestos a manipular la opinión ciudadana. Les estaremos dando la potestad para decidir de qué se habla, hasta hacer del espacio común un sitio asfixiante en el que los matices han sido desterrados y en el que se rompen los consensos liberales que soportan el edificio de nuestras democracias.

EL CUARTO PECADO

LA DESTRUCCIÓN DE LOS MEDIOS
DE COMUNICACIÓN

XV

LOS ALGORITMOS DE HAMELÍN

El sueño de Silicon Valley excluye totalmente el periodismo profesional. Hace que sus productos sean irrelevantes. Es una mezcla de ideología y probablemente algo más práctico, porque es más divertido tener cosas gratis que tener que pagarlas.

Ben Smith, director de *Semafor*

Eso tan pomposo que se dice de que sin periodismo no hay democracia tiene algo de pensamiento *happy flower,* pero también de verdad. Una sociedad sin medios no es una sociedad democrática. Y una sociedad que se informa sólo a través de las redes sociales tiene todas las papeletas de ser una donde la información y la opinión se controlan desde los espacios de poder, hasta desterrar el pensamiento crítico y las opiniones discordantes. Un paraíso para los totalitarios y para los sectarios.

La llegada de las naciones pantalla al negocio de la publicidad programática ha destruido en poco más de 20 años el negocio tradicional de los medios de comunicación durante los últimos 250 años. La caída es fruto de decisiones de mercado. Los ciudadanos han apostado por informarse a través de las redes sociales y de los motores de búsqueda y se han ido de esas plazas para la conversación que eran los periódicos, las radios y las televisiones generalistas. Poco que objetar. Es una cuestión de oferta y demanda en la que un nuevo actor disruptivo se come el mercado que antes era de otros. Esos *otros,* que son aquí los medios de comunicación, tienen que quitarse el uniforme de plañideras al borde del llanto por un mundo que se acaba y adaptarse a los nuevos hábitos de consumo de la información y a los nuevos formatos y lenguajes. Sólo sobrevivirán los que se adapten mejor al nuevo entorno. Y en este empeño es donde las empresas periodísticas deben emplear todos sus esfuerzos.

Pero el abandono y hasta el desprecio con los que se ha tratado a los medios, a los que se ha ajusticiado por su papel como cuarto poder en ese viejo mundo que se acaba, no sólo han perjudicado a las empresas periodísticas y a los periodistas que trabajan en esa industria, sino también a las comunidades donde esas firmas periodísticas desempeñan sus funciones.

El ecosistema que ha sustituido al de los medios, el paisaje de redes, motores de búsqueda y canales de mensajería en el que nos movemos ahora, con creadores de contenido que evangelizan desde sus cuentas a sus comunidades, apenas cuenta con sistemas de verificación y ha permitido que se expanda el torrente de desinformaciones, bulos, infamias y mentiras que soportamos en nuestro día a día.

Nos hemos cargado gran parte del mercado de la información y hemos dejado que la gestionen empresas tecnológicas dispuestas a vender a sus progenitores en un mercado de esclavos a cambio del dinero que les proporciona la publicidad programática. Y lo que nos hemos encontrado en este tránsito no es un vergel, donde compartimos fraternalmente las noticias que conciernen a nuestra comunidad, sino un vertedero, en el que convivimos con narcotraficantes de falacias, productores de bulos y una ristra de indignados dispuestos a soltarnos en cada momento la maldad que llevan dentro.

La estrategia de flautistas de Hamelín de las naciones pantalla, haciéndoles creer a las empresas periodísticas que iban a ganar mucho dinero si les llevaban las noticias a sus plataformas de distribución, ha funcionado, pero para las tecnológicas. Estas plataformas se han quedado con los contenidos de los medios, luego con sus lectores y más tarde con sus ingresos. Y en el camino, les han hecho tan yonquis de los volúmenes de tráfico que les proporcionaban que, hoy en día, muchos de estos medios siguen más preocupados por los cambios de algoritmos que dicten los señores feudales de internet que por lo que piensen sus lectores, oyentes o televidentes. El SEO, siempre en el altar. Y Google Discover, en el centro de todas sus oraciones.

Los medios han caído en las redes de las redes y han vivido una situación tan paradójica como es que hayan abandonado sus funciones propias a la misma vez que veían cómo les abandonaban los ciudadanos. La tecnología ha atropellado a la industria del periodismo y la ha dejado noqueada. Y los desaprensivos y los cínicos han aprovechado esta debilidad para hacer florecer sus factorías de mentiras.

Pero vayamos al principio para entender este cambio. La conversación en torno a los asuntos públicos se ha desarrollado en los últimos doscientos años en el seno de un producto industrial que sirvió para mejorar el intercambio de ideas y que propició uno de los mayores saltos de calidad de vida que ha vivido el ser humano. Ese producto industrial era el periódico y su importancia trascendía de la de ser un mero contenedor de noticias y opiniones acerca de lo que pasaba o dejaba de pasar en el territorio en el que se imprimía la mencionada publicación.

El escritor norteamericano Arthur Miller resumió esa idea en la década de los cuarenta del siglo pasado cuando afirmó que un periódico era una nación hablándose a sí misma, una plaza en la que conversar para mejorar la vida de los ciudadanos de la comunidad. Los periódicos se erigían como herramientas indispensables para fortalecer la calidad democrática de las sociedades y para activar las palancas del crecimiento social y económico, lugares para discutir ideas y para entretener a sus lectores. Eran los sitios donde el lector se informaba de lo que ocurría en su pueblo, en su región, en su país y en el mundo, los canales a través de los cuales se influía en la opinión pública. Pero también eran negocios con buenos márgenes de beneficios si lograban ser líderes de sus comunidades. Tener un periódico podía dar dinero y otorgar influencia.

La oferta periodística era limitada frente a una demanda de información más elevada. Quien quisiera informarse, podía acceder a un periódico, escuchar una emisora de radio o ver un informativo, pero nada más. Y quien quisiera publicitar un producto, bien o servicio, lo podía hacer en esos mismos periódicos, radios y televisiones, metiendo publicidad en los buzones de los portales de las casas, colocando vallas publicitarias o emitiendo anuncios en las salas de cine en las previas de las películas. Y ya está. El sistema de medios previo a internet era así de simple. Y eso ayudaba a que quien lograse hacerse con una comunidad de lectores, oyentes o televidentes fieles pudiese no sólo subsistir, sino ganar dinero. Ahora hay muchas más oportunidades que antes, el acceso a la profesión se ha democratizado gracias a las nuevas herramientas digitales (se puede ejercer el periodismo desde las plataformas sociales, un blog, una página personal, un pódcast o una *newsletter*). Pero lo que no es más fácil es hacer viable en el largo plazo un proyecto periodístico.

Para los periódicos, antes había dos fuentes de ingresos: venta de ejemplares e inserciones de publicidad. En el caso de las televisiones y las radios, esta fuente de dinero se limitaba al ámbito publicitario y, en el de las emisoras de titularidad pública, a la financiación vía impuestos y cánones. Hoy, la clave reside en cómo hacer sostenibles unos proyectos mediáticos cuyos modelos provienen de la tradición impresa y que son claves para determinar la calidad de una sociedad democrática en una etapa en la que la principal fuente de ingresos de los medios, que es la publicidad, se ha trasladado en gran parte a los motores de búsqueda, las redes sociales y las plataformas de *streaming*. Y lo que se discute es cómo pueden sobrevivir las marcas periodísticas ahora que las tecnológicas, que se han hecho fuertes en la explotación de los datos de sus usuarios, se han quedado con los ingresos publicitarios que antes iban a los medios.

En menos de veinte años, las empresas periodísticas han perdido el control de la distribución de sus contenidos y los ingresos que le generaban estos. Decidieron que quien quisiese leer sus contenidos en un dispositivo electrónico podría consumirlos de forma gratuita. Y que si además lo hacían accediendo a ellos no desde sus portadas, sino desde los distintos canales sociales que iban abriéndose paso, como Facebook o Twitter, pues mejor que mejor, ya que las audiencias en digital y a través de estos nuevos soportes, alentadas por los algoritmos de las tecnológicas, dispararían las cifras de lectura de sus ediciones impresas y les permitirían contarles a los grandes anunciantes que ellos habían multiplicado sus volúmenes de lectores.

Sólo quedaba pasar el gran Rubicón de lograr que esos incrementos exponenciales de las audiencias se tradujesen en dinero. Pero ese Rubicón no llegaba, y lo que arribó, en cambio, fue el sistema de publicidad conductual liderado, primero, por Google, más tarde, por Facebook, y luego, por el resto de los caudillos del reino digital. Un sistema que usaba los contenidos que las empresas periodísticas cedían gratis como cebo para captar audiencias que luego las plataformas empaquetaban para su venta a los mismos anunciantes que antes se publicitaban en los medios. Lo que se dice una jugada maestra; pero para las plataformas y no para unos medios de comunicación que no sólo no se quedaban ni con las migajas del nuevo negocio, sino que veían desaparecer su mayor fuente de ingresos de los dos últimos siglos en favor de estas plataformas.

Dos de cada tres euros de publicidad que se mueven en Europa van a caer a Google y a Facebook. Y los nuevos competidores de los medios en la carrera publicitaria no son otros medios que surgen en el mapa mediático, son redes como TikTok, plataformas de comercio como Amazon, canales como Netflix y hasta aplicaciones de vehículos autónomos como Uber. Todos ellos, y algunos más, apoyados en sistemas de publicidad basados también en la extracción de datos de sus usuarios.

Los medios no sabían de partida que se estaban pegando un tiro en el pie. En su momento, no supieron entender que estaban siendo atravesados por una disrupción que lo cambiaba todo. Tampoco podían saberlo. Hasta pasado un tiempo, que se ha hecho eterno, no han sabido calibrar la envergadura del cambio que les afectaba. En internet nos ha pasado que hemos ido aprendiendo sobre la marcha acerca del enorme impacto que iba a tener en nuestras vidas y sobre cómo podíamos hacerle frente. Y hemos tardado un par de generaciones en tomar conciencia de que esta transformación no tiene por qué suponer la desaparición de cientos de oficios y negocios, entre ellos el de la vieja industria del negocio periodístico, y que productos como el periodístico tienen un valor que es intangible, pero que supera con mucho el precio que se le pueda otorgar cuando se le pone a competir con otros productos de la sociedad del entretenimiento.

Ese valor intangible es el de su capacidad de ser una plaza fiable para conversar y discutir sobre los asuntos públicos, muy por encima de otras ventanas sociales en las que la falta de verificación de los contenidos abre la puerta a la mayor pléyade de filibusteros digitales que podamos recordar. Frente a un escenario de redes en el que los ciudadanos reciben una mirada personalizada de la realidad en la que no se comparten los desacuerdos propios de una sociedad democrática, los medios ofrecen un lugar común para todos. De ahí la importancia social de su mantenimiento y de ahí que haya que exigirles a nuestros representantes públicos que sean conscientes de esta necesidad y contribuyan a lograr este objetivo, en vez de destinar publicidad institucional a sostenerlos a cambio de la pleitesía más incondicional.

¿Cuál ha sido, en este aspecto, la mayor responsabilidad de los medios de comunicación, más allá de ese pecado original de no darse cuenta de que eran ellos mismos quienes estaban desvalorizando su producto por su desconocimiento de cómo funcionaba internet? Pues que decidieron competir por las audiencias desde la perspectiva de la cantidad y no desde la de la calidad, hasta el punto de que dejaron de hablar de la comunidad y empezaron a hacerlo de audiencias, de visitas, de clics y de páginas vistas.

Esta aceptación del número de páginas vistas como criterio general para la inserción de páginas publicitarias es el punto de partida de un proceso en el que confluyeron la banalización del producto informativo y la precarización de las plantillas periodísticas, que al final nos llevaron al peor momento de credibilidad general de los periódicos de las últimas décadas. La carrera por conseguir clics supuso el incremento de la publicación de noticias cuyo último fin era el de alcanzar la viralidad que permitiría multiplicar el crecimiento de las visitas y acceder a un mayor número de anuncios.

Este afán metió a los medios en un bucle tóxico en el que había que llenar los portales y las redes sociales con noticias, sin importar si estas no pasaban los mínimos estándares de calidad o se acompasaban con la línea editorial y periodística del medio. Se le daba al lector lo que, presuntamente, quería el lector. Y así, de forma sostenida, los medios se convertían en esclavos del SEO dictado por los ingenieros de Google y se apuntaban como posesos a una carrera por la viralidad que estaba en las antípodas de lo que siempre se había considerado que eran los atributos básicos del oficio del periodismo.

Hoy, que esta carrera nos lleva de cabeza al infoentretenimiento en píldoras de TikTok, Twitch y otros nuevos canales compulsivos, los jóvenes periodistas quieren ser Ibai o María Pombo antes que Matías Prats o María Escario. Prefieren Instagram o YouTube antes que *El País*, *ABC*, *El Mundo* o Televisión Española. Y no es malo *per se*. Son parte de las primeras generaciones que han nacido en la época en que sus padres ya no concebían no tener internet en casa y casi todos ellos llevan desde los once o los doce años trasteando con sus móviles, accediendo a contenidos ilimitados y conectándose con sus amigos a través de distintas plataformas por las que no pagan un solo euro o dólar. No leen periódicos, pero, cuando se hacen más mayores, ven más enlaces a noticias que les llegan a través de sus cuentas en Twitter y discuten sobre asuntos que les empiezan a procurar más y más, como qué empleo pueden conseguir o si tendrán dinero para alquilar un piso o pagar la entrada de una hipoteca. Y si se dedican al periodismo, a la comunicación, al márketing o a cualquier actividad ligada con estos terrenos, buscan de nuevo la cercanía con los medios de comunicación de su entorno y descubren que cada vez son más débiles y ofrecen condiciones más precarias para ellos. Apenas hay transmisión del oficio, porque sus compañeros están quemados. Se topan de frente con la realidad más descarnada: han estudiado para una profesión que sufre una fuerte crisis de credibilidad, que, a su vez, en este bucle tóxico, provoca un aumento de la desconfianza en los medios de comunicación y abre aún más la puerta a la desinformación, el debilitamiento de las estructuras periodísticas y, al final, el derrumbe del modelo de negocio tradicional de las empresas del sector. Un derrumbe que, al menos, ha tenido la virtud de hacer parar a la industria y que esta reflexione sobre qué podía hacer para afrontar las naciones pantalla y recuperar un espacio de conversación compartida.

Hoy, los medios de comunicación quieren construir relaciones más sanas y de igual a igual con las naciones pantalla y quieren aprovecharse legítimamente de la nueva trazabilidad que nace del análisis de datos para ofrecer productos fiables a sus clientes a cambio de una remuneración, que podría venir por cualquiera de las variantes del modelo de suscripción y pago por los contenidos periodísticos. Pero, entretanto llegan los frutos de esta nueva estrategia, sufren como casi ningún otro sector el golpe de una disrupción tecnológica que se ha llevado por delante su modo de vida.

Miremos el ejemplo de alguna provincia española que ya no tenga periódicos de papel y cuya oferta mediática se ciña a algún medio digital, con uno o dos trabajadores, y a otras dos o tres emisoras de radio, en las que el mismo periodista que conduce el magacín del mediodía hace también el resto de los informativos y tiene que buscar la publicidad para financiar el medio, y para ya de contar. ¿Crees que en esa provincia se fiscalizará al poder local de la misma manera que si hubiera periódicos fuertes que no vivan sólo de la publicidad institucional? ¿Que la conversación pública se podría canalizar a través de algún *hashtag* de X o un grupo de Facebook? No le des más vueltas. A un político de moral discutible lo que le gustaría es que sólo le fiscalizaran los vecinos en Instagram o en Facebook, tinglados que a efectos mediáticos no dejan de ser más que una jungla donde puede vencer el que es capaz de colar más mentiras. Y esto que digo vale lo mismo para Ciudad Real, para Zamora o para Huelva que para lo que se está viviendo en democracias consolidadas como la norteamericana, la alemana, la española o la brasileña. El hundimiento de la industria del periodismo conduce al debilitamiento de los contrapesos que debe tener cualquier sociedad que quiera seguir definiéndose de democrática. Y es un factor esencial para la erosión en la confianza en las instituciones. Si nadie las controla, aumenta el incentivo de los gobernantes con malas artes que quieren colonizarlas en beneficio propio.

En cuanto a los periodistas, hemos contribuido con demasiados ejemplos de mala praxis al descrédito de la profesión, aunque este también se vio acrecentado por las pésimas condiciones en las que se ha desarrollado el oficio, a causa del hundimiento de las cuentas de resultados de las empresas periodísticas y por las crisis de representatividad que han erosionado la confianza en quienes nos representan: políticos, empresarios, sindicatos, cultura y, por supuesto, el periodismo. ¿No habéis escuchado alguna vez que todos los políticos mienten, que los empresarios roban, que los sindicatos trincan, que los actores viven de las subvenciones y que nosotros los periodistas nos vendemos al mejor postor?

Las tecnológicas han sustituido a los medios como los canales de información de los ciudadanos, pero también han mostrado indiferencia o incluso han alentado discursos denigratorios, falsos y violentos para hacerse con audiencias cada vez más radicalizadas y polarizadas. Google, Facebook o X se han hecho mayores y, en vez de centrarse y buscar posiciones más tibias en las que quepamos todos, se han convertido en mercenarios de una brigada Wagner digital dispuestos a vender sus algoritmos al mejor postor, aunque este sea un grupo de facinerosos, un Gobierno totalitario, una banda de estafadores o unos estrategas políticos con las tragaderas y los escrúpulos de un psicópata. Y a estas naciones pantalla es a quienes hemos concedido la confianza que antes tenían los medios. Las empresas periodísticas han tenido una alta responsabilidad en que lleguemos a esta situación. Pero no hagamos como esos periodistas deportivos que le echan la culpa a Vinicius de que los defensas más leñeros de la liga le den todas las patadas posibles: no culpemos a la víctima. Ahora toca recuperar la confianza, no con buenas palabras, sino con acciones, dando ejemplo de rigurosidad y de independencia, demostrando a los ciudadanos que las empresas periodísticas son muros fiables frente a tanta inmundicia y una alternativa fiable al consumo de noticias en cualquiera de las naciones pantalla.

XVI

INFOXICADOS

Estamos saturados de malas noticias y eso a veces nos lleva a desvincularnos de lo que la información nos dice. Quizá de manera inconsciente o ambiental. Ya no podemos con todo el horror al que estamos habituados. Porque si lo hiciésemos, tal vez estaríamos profundamente deprimidos. De ahí que podamos sentirnos apáticos o incapaces de conectar con lo que pasa en el mundo.

Margot Rot, autora de *Infoxicación*
(entrevista[1] en *elDiario.es*)

La oferta informativa que proporcionan las naciones pantalla es inagotable. Basta con vivir en un área con una buena conexión a internet y tener el dinero para pagarla. Disponemos de la mejor información y la disfrutamos en tiempo real. Somos impacientes digitales y tenemos canales y herramientas en abundancia para calmar nuestra ansiedad. Es la arcadia soñada por los ciudadanos formados y comprometidos con la idea de que una sociedad mejor informada es una sociedad más justa y próspera.

Pero hay algo en la ecuación que falla. En esta sociedad *googlelizada*, tener acceso a más información no equivale a estar más informados. Por el contrario, cuanto más informados creemos estar, más *infoxicados* nos sentimos. Es la paradoja de la abundancia: la multiplicación exponencial del número de noticias no garantiza que la información que llegue a los ciudadanos sea de mayor calidad, sino que lleguen más noticias sin valor, y

---

[1] N. Tomàs, «Margot Rot: "Estamos saturados de malas noticias y eso a veces nos lleva a desvincularnos de la información"», *elDiario.es,* 4 de febrero de 2024, disponible en [https://www.eldiario.es/cultura/margot-rot-saturados-malas-noticias-veces-lleva-desvincularnos-informacion-cat-cat_128_10851265.html].

eso nos sume en un estado que camina entre la incertidumbre y la perplejidad.

Más información, en tal sentido, no equivale a estar mejor informados, sino a estar más expuestos a las noticias falsas, a las que encubren ejercicios de propaganda y manipulación y a las que simplemente tienen una calidad muy deficiente. A veces por ignorancia de quien las escribe o fruto de la precariedad en la que viven los periodistas, exigidos en muchos casos por las estrategias del peor SEO a producir informaciones en condiciones lastimosas que nos retrotraen a la época de las novelas del Charles Dickens de la Revolución industrial. Los ciudadanos recibimos cientos de impactos diarios que nos llegan de inmediato a través de nuestros teléfonos móviles y portátiles. Vivimos pendientes de las alertas informativas y de las últimas notificaciones de nuestros grupos de WhatsApp y de nuestras redes, como si fuésemos redactores de cierre de los periódicos tradicionales pendientes del último teletipo, pero sin descanso.

Los productos informativos tienen que ser muy digeribles para atrapar la atención del público. Siguiendo al profesor de Psicología Social John Haidt, en su libro *La mente de los justos*, primero va el elefante y luego vamos nosotros. Primero, lo emocional; luego, lo racional. Las noticias forman parte del nuevo *show* de la información. Todo tiene que entretener o emocionar. Y si no, no dura ni treinta segundos en la parrilla de una televisión comercial o en el muro de cualquier red social. Lo que no se viraliza, no existe. Los directivos de los medios de comunicación lo saben y por eso adoptan estrategias de SEO *low cost* para ganar en volumen y hacerse con el trozo del mercado publicitario que aún no ha caído en manos de Google y de los tres satélites de Zuckerberg: Facebook, Instagram y WhatsApp. Las autopistas de la información se inundan de noticias en las que prima la viralidad sobre la calidad. Es la dictadura de los algoritmos. Y hace de efecto placebo para los propietarios y editores de esos medios: le damos a la gente lo que la gente quiere ver y leer, ¿qué hay de malo en ello?

Las noticias serias conviven en las plazas públicas de la conversación y la información con toneladas de morralla de apariencia informativa, imposibles de destruir ni reciclar y con productos que nacen de la propaganda y el márketing, legítimos y necesarios, pero que, en el caso que nos ocupa, se disfrazan de información para ganar en credibilidad. La *infoxicación* va a más, pero también irá a más la lucha contra este fenómeno, al menos en la medida en que los ciudadanos empiecen a tomar conciencia de la necesidad de trabajar por un ecosistema mediático libre de estos plásticos contaminantes que degradan el ambiente social hasta hacerlo irrespirable. Y en este terreno del combate contra la *infoxicación*, que no es más que una versión más avanzada de la desinformación, los medios de comunicación que primen la calidad y la rigurosidad encontrarán, casi de forma imperceptible, una oportunidad que puede ser clave para ser más competitivos en el mercado. Para ellos, la calidad será su valor refugio.

A los medios se les abre ahora una oportunidad por este alud de barbaridades propagadas desde las redes sociales. Los medios pueden poner el acento en su papel de dique de contención frente a estos contenedores de basura mediática que han aparecido en nuestro radar. Los ciudadanos necesitamos confiar en alguien, necesitamos pensar que lo que estamos leyendo no es mercancía averiada. No digo que necesitemos leer aquello que reafirma lo que pensamos, sino que necesitamos saber que lo que estamos leyendo es una información u opinión fundada, que el vídeo que nos ha llegado a través de alguno de estos grupos de WhatsApp no es falso o que los datos que hemos visto en Facebook son ciertos. Necesitamos pensar que nuestra dieta informativa es sana. Y, para eso, necesitamos confiar en profesionales que intentan hacer su trabajo honestamente y contarnos lo que pasa en nuestro mundo, aportando contexto y, sobre todo, fiabilidad. Necesitamos pensar que lo que nos llega a nuestros teléfonos es información de calidad. Y quienes pueden ofrecernos esta garantía de confianza son las marcas periodísticas, que se dedican profesionalmente a la verificación de las noticias.

Si los ciudadanos buscan información de la que puedan fiarse, necesitarán de actores en el mercado capaces de cribar entre la oferta infinita y decidir qué es noticia y qué no lo es, de qué se pueden fiar y de qué no. Y ese trabajo es el que harán los medios de comunicación dispuestos a entablar relaciones de confianza con sus lectores que, a medio plazo, serán claves para la sostenibilidad de sus negocios editoriales. Los medios harán de prescriptores y generarán valor en función de la confianza que sean capaces de generar en sus entornos de mercado, ya sean estos locales, nacionales o globales. No venderán noticias, venderán confianza. Y eso es lo que recibirán los ciudadanos que apuesten por estos productos: confianza frente a la *infoxicación*. Este avance de la desinformación es, pues, una oportunidad para los medios. Su representatividad está en entredicho, pero cada uno de ellos tiene en su entorno la capacidad de convertirse en un territorio de confianza al que se puede acudir en busca de una información fiable en una época en la que la podredumbre generalizada dificulta distinguir entre las noticias falsas y las verdaderas.

Hay un nexo común que aporta valor a casi todos los medios: más allá de sus posicionamientos editoriales y políticos y de quiénes ejerzan su influencia sobre ellos, cuando hablamos de los medios con vocación de trascender nos referimos a proyectos intelectuales compartidos que cumplen con unos mínimos estándares de calidad y que procuran respetar a sus lectores, oyentes y televidentes. La manipulación de los contenidos periodísticos que se denuncia es real, porque el periodismo es una actividad influyente que está hecha por seres humanos y que, por tanto, es susceptible de ser usada con fines espurios, pero su maldad es menor de la que proclaman quienes lanzan soflamas incendiarias sobre ellos con el atrevimiento que da la ignorancia –además, si queremos toparnos con ejercicios de manipulación, no tenemos que molestarnos en bucear en las ediciones de los periódicos o en los informativos de televisión y de radio de los grandes grupos de comunicación, basta con entrar cualquier noche en X o abrirse una cuenta en TikTok–.

XVII

NO TE ALEJES DE LOS MEDIOS

Una joven periodista de La Rioja muy activa en la red X, Eva Baroja, subía hace un tiempo un tuit en el que se lamentaba de que sus amigas ya no querían leer más noticias. A ellas, con perfiles comunes de treintañeras con grados universitarios de Humanidades, les agobiaba el ambiente de crispación política que vivían en su entorno y achacaban al consumo de las noticias y al modo en el que abordaban la actualidad los medios de comunicación ese estado general de ansiedad que detectaban entre sus amigos, familiares y compañeros de trabajo. Eva Baroja se preguntaba qué estábamos haciendo mal los medios para que se hubiera llegado a esta situación; una interrogante que intentaron despejar otros usuarios en el largo hilo de comentarios que fue creciendo a partir de dicha publicación. Yo mismo le contesté también a través de esta red social, y le dije que quizá no había que pensar tanto en qué estaban haciendo mal los medios de comunicación como en qué estábamos haciendo mal como sociedad y en cómo estábamos evolucionando, ahora que todas las crisis que vivimos se retransmiten vía *streaming* y reúnen a millones de personas delante de sus pantallas.

Esto de las amigas de Eva es una escena que se repite y se extiende. Hace también muy poco, una pareja de amigos nos refería a mi mujer y a mí exactamente lo mismo mientras despachábamos unos platos magníficos en un restaurante del barrio de El Arenal de Sevilla. Nos contaron que ya no ven telediarios y que apenas leen algunas noticias que les llegan a sus móviles o, como en el caso de mi amigo, que consumen mientras desayunan en un bar y tienen acceso al ejemplar de papel que tiene el tabernero en la barra. Mi mujer y yo somos consumidores compulsivos de la actualidad, nos levantamos escuchando y comentando las noticias que emite en ese momento la radio y nos mandamos a través de WhatsApp artículos periodísticos que nos resultan de interés. Escuchar que una pareja de buenos amigos prefiere poner por las mañanas un *show* matinal de concursos o que esquiva los telediarios nos vuela la cabeza. Pero después del pasmo, te paras a pensar y entiendes esa actitud: hay días que entran ganas de apagarlo todo para evitar que la realidad te perfore el estómago y te deje sin aire. Las escaletas de los telediarios son un tributo a la ansiedad telegráfica. La angustia en cortes de 10, 12 o 15 segundos salpicados con trifulcas políticas y sucesos estremecedores. Los informativos de las emisoras de radio son bucles que repiten píldoras de toxicidad y los medios escritos se balancean entre el partidismo y la viralidad. ¿Cómo no entender que haya tantos ciudadanos cansados de las noticias y que prefieren ver una serie en Netflix que los evada de este ambiente preapocalíptico?

Empiezo a pensar que quienes no están bien, quienes no estamos bien, somos los que estamos enganchados a una actualidad que nos proporciona dopamina –cada vez más frecuente por nuestro abuso de las redes sociales– al mismo tiempo que nos lleva de la mano directos al infarto o a la depresión. Yo estoy tan acostumbrado a vivir pendiente de la actualidad que a veces olvido que los demás no están tan curtidos como yo ni tienen por qué aguantar tanta angustia permanente. Y por eso quizá no me percaté de la profundidad de esta fatiga informativa. Según el *Digital News Report* de 2023[1], el 64% de los españoles encuestados evita las noticias en grados que varían entre «a menudo», «a veces» y «ocasionalmente». Los ciudadanos ya se han alejado del circuito de las noticias. Dos de cada tres deciden que no quieren vivir angustiados por cada última hora que les aparece en la pantalla ni quieren saber todo sobre todo y en todo momento. Hay ruido, y un ruido que fabrica tanta dopamina como ansiedad.

---

[1] *Digital News Report* de 2023, disponible en [https://varamiguel.com/wp-content/uploads/2023/06/dnr-2023-informe-ejecutivo-eng.pdf].

El exejecutivo de Google, IBM y Microsoft Mo Gadawt, hoy escritor de libros en los que reflexiona sobre la felicidad, califica este bombardeo de noticias asfixiante como *detonantes ocultos:*

> Las noticias usan el sesgo de negatividad para hablar del lado malo de los hechos. No porque nuestra vida ya sea negativa de por sí, sino porque si hablas de una mujer que golpeó a su marido en la cabeza, eso es lo que llama la atención de la gente; no si hubo otros 15 millones de mujeres que besaron a sus parejas. Todo da miedo. Todo es incorrecto. Como informático, voy con cuidado con qué pongo en mi cerebro porque no sabes el efecto que puede tener. Cualquier entrada que conectes a tu cerebro puedes procesarla en lo que llaman «pensamientos incesantes», así que puedes obsesionarte con ello, quejarte y victimizarte, pero también puedes usarlo para analizar la situación y resolver el problema[2].

El problema no es que los medios den informaciones más o menos desagradables, positivas, negativas o mediopensionistas, sino que estos no sean capaces de dimensionar los asuntos y de incorporar análisis, contexto y criterio a las noticias que aportan y que se dejen llevar por el ruido ambiental, o que, incluso, sean quienes alimentan ese ruido de modo sesgado. Una mujer o un hombre que consume un telediario o entra en el portal de un periódico no puede esperar a que le cuenten que el mundo es un parnaso feliz donde los problemas no existen o siempre son culpa de los otros, sean quienes sean esos otros. Este tipo de productos informativos que buscan la felicidad de sus seguidores existen, pero para encontrarlos hay que irse a sociedades como las de Corea del Norte, China, Venezuela, Irán, Hungría, Polonia o Nicaragua, en las que la libertad de expresión se restringe a quienes piensan igual que sus líderes supremos.

---

[2] R. R. Incertis, «Mo Gawdat, ex ejecutivo de Google: "Sabemos usar nuestro teléfono móvil mucho mejor que nuestro cerebro"», *El Mundo,* 7 de marzo de 2023, disponible en [https://www.elmundo.es/papel/lideres/2023/03/07/6401f2 c321efa009658b45cc.html].

Steven Pinker, un filósofo con aspecto de guitarrista de The Queen y que pone de los nervios a los profesionales del *cenicismo* –debido a su insistencia en demostrar que el pesimismo sobre el estado del mundo se desmiente con cifras–, lanzaba también el siguiente consejo a los periodistas en una entrevista en *El Mundo*: «Creo que deberíais dedicar menos tiempo a contar anécdotas y más a difundir los datos y las tendencias globales. Hay un vicio común, sobre todo entre los columnistas, que consiste en coger lo que ocurrió ayer y escribir sobre ello como si fuera una tendencia global»[3].

Equilibrio y contexto; o sea, periodismo. Y también adaptación a la realidad. La fatiga del lector, del oyente y del televidente responde a una realidad que no mejorará en los próximos tiempos. Se amplifica en este escenario de oferta informativa y entretenimiento infinitos. Cada día, se producen millones de comentarios, noticias, artículos de opinión, vídeos virales, series, películas, canciones y libros. Tenemos lo que queramos cuando queramos. Pero esta acumulación también nos fatiga. Podemos pasarnos más tiempo eligiendo una película en Netflix que viendo esa película. Y ya no damos abasto para suscribirnos a más productos. Nos llegan facturas por los teléfonos, por las plataformas de televisión, por el *streaming* de música y por los medios de comunicación que consumimos. Ni nos da el bolsillo ni nos da el tiempo ni nos da la mente. La gota fría de la desinformación se ha cronificado y quienes tendrían que hacerle frente en primera línea y con respeto a la verdad –los medios de comunicación– han arribado a esta pelea con las defensas más bajas de su historia, en pleno derrumbe de su modelo tradicional de negocio, el cual ha acarreado la precarización de sus plantillas y ha debilitado su fortaleza para combatir este vendaval de inmundicias.

Esta saturación, que nos alcanza a casi todos, esconde una oportunidad. Al principio, desprecias a los medios porque tie-

---

[3] G. Suáez, «Steven Pinker: "Los jóvenes han crecido con la idea de que su planeta está achicharrado y que la humanidad desaparecerá antes de que sean padres"», *El Mundo,* 10 de marzo de 2023, disponible en [https://www.elmundo.es/papel/lideres/2023/03/09/640a302efdddff73598b45aa.html].

nes toda la información que quieras a tu alcance con sólo encender el móvil y navegar por alguna de tus aplicaciones. Te dices que no los necesitas y que no piensas pagar jamás un solo euro por consumir un medio. Es más, puede que hasta te sonrías contándoles a tus amigos que tú no crees en los medios y que hasta que estos no sean independientes, tú no piensas volver a ellos. Total, tampoco votas, porque tú estás por encima de los partidos y, como todos mienten, ninguno va a recibir tu inestimable apoyo. Pero llega un día en que te cansas. Te hartas de recibir a cada momento noticias que son absurdas. Poco a poco, te vas dando cuenta de que eso que has compartido en tu grupo de WhatsApp es una manipulación, un bulo. Lo sigues compartiendo porque contribuye a desprestigiar a quienes no te gustan, pero ya no es lo mismo. Te gustaría que no todo fuera tan insano. Te asfixia pensar que casi todo puede ser mentira. Y buscas de quién fiarte. De entre los millones de artículos que puedes leer, te fías de lo que digan los profesionales de tal o de cual medio; además llega un día en el que te percatas de que suscribirte a un medio de comunicación durante un mes te cuesta lo mismo que tomarte una ginebra con tónica en el bar al que acudes con tus amigos. Y es muy fácil. Clicas, pasas tu tarjeta como haces cada vez que compras algo en Amazon o en Zara y, de pronto, todas estas noticias que querías leer, pero a las que no podías acceder, se abren para que tú las consumas cuando te dé la gana. La gran mayoría de tus conocidos sigue sin hacerlo, pero tú sabes que estás más informado y que la información es una ventaja competitiva en este mercado saturado. Si te das un tiempo para respirar y levantas un muro que te aísle del ruido, vas notando la diferencia. Los medios quieren vivir de estos lectores más o menos comprometidos como tú. Y la democracia respira, ya que hay individuos que prefieren ser más ciudadanos que consumidores. La prescripción es el valor. La capacidad de generar confianza gana enteros en un supermercado mediático donde las mentiras disponen de un sitio de preferencia. Y esa capacidad prescriptiva atenúa la saturación y te permite disfrutar mejor de las opciones que tienes por delante y tomar mejores decisiones.

La *infoxicación* se cura, pero su tratamiento no consiste en huir de las noticias, sino en saber elegir entre ellas. Por supuesto que es mejor para la salud mental de cualquier ciudadano evitar el contacto con productos que destilan toxicidad. Pero la solución no es escaparse de la realidad –en cuyo caso alguien ocupará ese espacio, y seguramente sin las mejores intenciones para ti–, lo es afrontarla a través de un consumo racional y más o menos ordenado; una dieta con legumbres, frutas y verduras mediáticas y políticas que mejore nuestro estado de salud y contrarreste la comida basura que nos dan los entretenimientos virtuales. Es más, se trata de cohabitar con ellos, no de declararles la guerra o de aparcarlos por una pereza que puede tener consecuencias fatales para tu libertad.

A menudo, cuando se tratan estas cuestiones, te salen los maximalistas de turno afirmando que, si no te gustan estos consumos, puedes hacer como con la televisión: apágalos, no los uses, pasa de ellos, pero deja a los demás que hagan lo que les dé la gana. ¡Por supuesto! Es más, esto no va de elegir entre Tolstói o DJ Mario. Va de entender que, si te pasas el día entero viendo vídeos absurdos, si no eres capaz de leer dos párrafos seguidos, si te abruma y te causa ansiedad el tsunami de calamidades y tantas otras cuestiones que caracterizan este tiempo de hiperventilados, tienes que introducir en tu dieta semanal alimentos que te permitan carburar y pensar mejor, que te enriquezcan.

Ya me gustaría a mí que alguno se diera cuenta de que si le quitas un par de horas diarias a tu consumo de bailecitos y reflexiones de todo a cien de algún youtuber con problemas de autoestima y se lo dedicas a leer alguna novela clásica o ver una obra de teatro, una película con un guion elaborado o un telediario de calidad, vas a disfrutar más de los mejores placeres. No todo puede ser comida rápida para tu cerebro. Por eso existen la alta cultura y la prensa de una cierta calidad; porque se necesitan también productos que te traten como a un mayor de edad, con el criterio y la solvencia propia de un ciudadano crítico, no un simple número en una cadena de potenciales consumidores de anuncios de programática.

Y sin elitismo alguno, que ese es otro peligro que se corre. A las masas, un producto barato de usar y tirar; a las elites, que sí aceptan el valor de lo que consumen, productos de calidad por los que puedan pagar. Una brecha más de desigualdad. La cultura y el periodismo entendidos como esas urbanizaciones valladas donde la vida se desarrolla a salvo de los peligros del exterior. Sin contaminaciones ni mezclas. Sin diversidad. Sin vida. Y no. De lo que se trata es de ponerse a dieta cognitiva, de obligarse a consumir buenos productos, de picar en frivolidades y divertirse, pero sin que el consumo de banalidades nos haga perder las mejores referencias mediáticas. Hay que querer. Y hay que tener voluntad.

EL QUINTO PECADO

LA ANIQUILACIÓN DEL PEQUEÑO COMERCIO

XVIII

UNA AUTOPISTA PARA EL ESCLAVISMO *COOL*

> Las empresas tecnológicas sí contribuyen al crecimiento de la economía, pero operan como monopolios, es por eso que su valor de mercado es tan elevado. Es cierto que han mejorado nuestra vida de forma inimaginable hace 20 años, pero al mismo tiempo usan su poder para restringir el acceso de los competidores al mercado. Eso hace que nos cobren precios más altos de lo que lo haría un mercado competitivo y que se limite la innovación, cuyo motor proviene de las pequeñas compañías. Cuando hablo de la paradoja del beneficio me refiero a que estas empresas son buenas y malas para el mercado[1].
>
> Jan Eeckhout, autor de *La paradoja del beneficio*.
> Párrafo extraído de la entrevista publicada en *ElPeriódico*

Yo nací a finales de diciembre de 1966 en Ginebra, en el cantón francés de Suiza, pasé mis primeros años en el norte de Marruecos, en Tánger, y la primera tierra de la península que pisé fue Bilbao, a donde llegué con cinco años en un día que recuerdo muy oscuro. Mi madre, una viuda que llevaba de la mano a sus dos hijos y que venía acompañada de mis abuelos maternos, decidió, un año después de su llegada a España, poner rumbo al sur en busca de un lugar donde vivir y en el que reunirse con su otra hermana, que en ese momento vivía aún en Tánger con su marido y sus tres hijos. La elección fue Sevilla, en el barrio de Los Remedios. Una zona residencial de nueva expansión en esa década de los setenta en la que se mezclaban propietarios de latifun-

---

[1] C. Planas Bou, «Jan Eeckhout: "Sin menos desigualdad la democracia es una bomba de relojería"», *ElPeriódico,* 12 de febrero de 2024, disponible en [https://www.elperiodico.com/es/tecnologia/20240212/jan-eeckhout-empresas-tecnologicas-competencia-abuso-monopolio-google-amazon-meta-apple-97958095].

dios del sur con funcionarios, empresarios, profesionales liberales y comerciantes, un barrio de clases medias altas, de esos que se denomina como *pijos*. Mi madre, que hablaba francés a la perfección, logró trabajo en el hotel Macarena como telefonista y, al poco tiempo, *fichó* por el Montecarmelo, un hotel muy cercano a mi casa y a la calle Asunción, arteria comercial de Los Remedios junto a Virgen de Luján. Los Remedios desprendía energía. Y Asunción era una calle viva. Familias enteras se agolpaban a las puertas de los colegios y en los alrededores de la parroquia y luego se iban a comprar a las tiendas de esta calle y de los alrededores. Al centro se iba de vez en cuando para las grandes compras de primavera, de verano y de otoño/invierno, pero en Asunción estábamos a todas horas. Allí había librerías, perfumerías, droguerías, bares, tiendas de muebles, confiterías y un cine al que íbamos a ver lo que echasen. Y aparcar era un infierno de dobles filas, cláxones enfurecidos y autobuses atascados.

Eso fue en las décadas de los setenta y ochenta del siglo pasado. Hoy, la calle Asunción está peatonalizada y es mucho más vivible. La población ha envejecido y se ven muchas sillas de ruedas empujadas por cuidadores, muchos de ellos de origen latinoamericano, pero también se percibe el cambio generacional. Aquellos niños del Colegio San José que se peleaban con los de los Maristas por atraer la atención de las niñas del Santa Ana han vuelto a ocupar los pisos de sus padres tras el fallecimiento de estos. El ciclo de la vida recupera el pulso del barrio, pero, sin embargo, ni un desfibrilador es capaz de devolver la vida a algunas de estas tiendas.

No hace mucho, por cuestiones de trabajo, me acerqué a la calle Asunción para acompañar a un empresario especializado en el montaje de exposiciones en la vía pública. Una de las compañías a las que asesoro en asuntos de comunicación organizaba allí una exposición de mupis y nos interesaba conocer en qué sitio exacto íbamos a poner estas vallas publicitarias para evitar que se pusieran en lugares demasiado cercanos a las tiendas y que molestaran a los comerciantes. Cuando llegamos, no entendí nada. Hacía mucho tiempo que no pasaba por allí y no sabía que había tantas tiendas cerradas en una calle que era, se suponía, una de las vías más preciadas de la ciudad por quienes querían montar un comercio.

Lo que vi fue una ristra de candados, escaparates sombreados, carteles de «Se alquila» y persianas metálicas grafiteadas. Yo sabía que los comercios de mi infancia habían desaparecido uno tras otro, pero no que los que les habían tomado el testigo comercial también habían cerrado en muchos casos sus puertas. En casi todos los puntos donde pusimos los expositores teníamos una tienda en cuya fachada se veía el cartel de una inmobiliaria llamando a su traspaso. Nunca había visto una calle Asunción tan agujereada de locales vacíos, y me pregunté el porqué. Al principio, entendí que la pandemia había hecho estragos en una población envejecida y que la clientela salía menos a comprar en los comercios, pero pronto hilé otra de las razones de los cerrojazos: si a las restricciones y las crisis les sumamos la *paquetización* del consumo, nos explicaremos las causas de esta epidemia de defunciones comerciales; si nos resulta más fácil comprar una docena de manzanas o un libro en Amazon y no lo hacemos en las tiendas de proximidad, estas terminan muriendo. Pura lógica en una sociedad libre: si alguien es capaz de hacer mejor que tú lo que haces, el mercado te desplaza. Procura hacerlo mejor, compite y gánate de nuevo la confianza de tus consumidores. Únete, si quieres, con los cercanos y crea una plataforma para vender tus productos.

Si un pequeño comercio de un barrio cualquiera cierra porque no puede competir contra las grandes marcas –que se han quedado con los mejores locales comerciales– o contra Amazon y su ejército de furgonetas grises –que no descansan ni los domingos–, este cierre también es culpa de los propietarios de esos negocios por no haberse sabido adaptar a lo que requieren ahora los ciudadanos, consumidores que se decantan por quien les ofrece un mejor servicio o producto. Es una ley inexorable. Si quieres que te quieran, seduce a tus clientes.

La disrupción de internet y la entrada de nuevos operadores que aprovechan la eliminación de intermediarios en la cadena de valor, en negocios como el textil, el del entretenimiento, el turístico, el de los vuelos de *low cost*, el de los medios de comunicación o el de los vehículos de transporte con conductor (VTC), arrasan con los modelos tradicionales de esos sectores, pero ninguna fuerza oculta impide a los actores de esas industrias adaptarse a la nueva realidad que se impone bajo ese espíritu que reza que no se le pueden poner puertas al campo ni restricciones a la red.

Las oportunidades están para quienes quieren atraparlas y la eliminación de las barreras de entrada en muchos de estos sectores ha permitido que francotiradores pertrechados de buenas ideas se puedan aventurar en emprendimientos tecnológicos y en mercados que antes les estaban vedados casi que por una cuestión de derecho natural. El mercado está abierto para quien se lo gane. Las *startups* que sueñan con ser los unicornios emergentes de las pantallas globales retan a las grandes con su creatividad y su empuje y son un ejemplo ilustrativo de que la innovación puede aparecer en cualquier esquina.

Puedes ser la proveedora de wifi de los grandes aviones comerciales desde tu pequeña empresa que paga impuestos en Sevilla o dar microcréditos con tu portátil en tu apartamento de Bangladés. La sociedad que mima a los nómadas digitales como si fueran estrellas de rock o cocineros de programas de audiencias millonarias promueve esta mentalidad emprendedora para superar los desafíos de una transformación del mundo analógico al digital que ya no espera a nadie. Sólo desde la innovación, la creatividad y la apuesta por el talento enfocado en el valor añadido se podrá competir en un mercado de trabajo en el que los expertos no paran de advertirnos de que, más aún con la irrupción de las aplicaciones basadas en inteligencia artificial de última generación, la mitad de los empleos que conocemos habrá desaparecido en unos cuantos años. Pero esta es la teoría. Y queda muy bien en los libros de texto, en los canales de YouTube de los emprendedores que odian las corbatas y en los debates a grito limpio de las televisiones generalistas.

Pero hay también otra *realidad* en la que los grandes son muy grandes y en la que sus prácticas arrasan con los pequeños y con el modelo de vida local que se sustenta en estos negocios. Los negocios pequeños insuflan vida a los barrios. Y si languidecen, lo hacen también las calles que los alojan, versiones españolas de ese Detroit desmoronado de los ochenta y los noventa del siglo pasado que simboliza la muerte de las ciudades modernas. Sólo con algo de suerte son reconvertidas en escaparates para el turismo masivo en esa gentrificación de *low cost* que supone la eclosión de los pisos turísticos.

Este comercio de proximidad es sólo una de las víctimas de las posiciones de dominio de las naciones pantalla. Las grandes plataformas abusan tanto de su control abrasivo de los canales de distribución que destrozan a sus competidoras (si no las compran antes para acabar más rápido) y ahogan la creatividad y el músculo financiero de quien les quiera toser. Un ejemplo que ilustra bien lo que os digo se lo escuché a Enrique Dans en una entrevista que le hizo Antonio San José para la Fundación March, la cual puedes encontrar en YouTube[2]. Dans describe cómo Google es capaz de saber todo sobre la mayoría de las empresas del mundo, por la sencilla razón de que estas se indexan en su motor de búsqueda. Como sabe todo sobre ellas, también sabe qué tipo de negocios funcionan y cuáles no y decide abrir empresas en los sectores que son o van a ser más pujantes. Y cuando lo hace, posiciona en el buscador de Google a sus empresas por encima de sus competidores, con lo que las coloca en una posición ventajosa.

Las industrias tecnológicas pagan bien a sus empleados con capacidad para aportar un valor en materias que hoy en día son determinantes para el desarrollo de nuestras sociedades, pero, por otra parte, este proceso de erosión de las industrias tradicionales conduce a una precarización del mundo del trabajo contra la que hay que defenderse si no queremos dar cien pasos atrás en nuestra concepción del trabajo digno. En algunas de estas grandes corporaciones de economía colaborativa se observa una posición de dominio que linda con el abuso y que implica también una erosión del tejido comercial de las ciudades y municipios, un tejido que no sólo da empleo e ingresos a la comunidad, sino que hace de red de unión de los vecinos de cada una

---

[2] Disponible en [https://www.youtube.com/watch?v=To97P4yhQLY].

de esas urbes, que los conecta y los implica no ya como consumidores, sino como ciudadanos.

Si nos interesa seguir manteniendo esa red de proximidad del comercio de barrio, hay que pensar mejor nuestra relación con esas plataformas de paquetería infinita. A lo mejor hay productos que te traen a casa que podrías comprar en una tienda cercana. Y si lo haces, esa tienda no cerrará, mantendrá viva tu calle hasta la hora de la noche en que eche el cierre y dará empleo a gente que tú igual conoces.

Hay razones para aproximarse a estas plataformas con prudencia. Para encontrarlas, te invito a que leas el artículo que escribió, siendo una joven estudiante de Derecho, una treintañera angloamericana y de origen pakistaní que se llama Lina Khan. Esta joven publicó en la revista de leyes de Yale un texto titulado «Amazon's antitrust paradox» («La paradoja antimonopolio de Amazon»)[3], en el que desmontaba el modelo de negocio de la gran plataforma y sostenía que las leyes antimonopolísticas vigentes no servían para poner coto a las grandes plataformas tecnológicas.

Una docena de años después, Joe Biden nombraba a Lina Khan directora de la Federal Trade Commission, el órgano de supervisión de la competencia del Gobierno de Estados Unidos, puesto desde el que se ha encargado, en estos últimos cuatro años de Administración demócrata, de recordarles a algunas de estas empresas que carecen de un salvoconducto que les permita hacer lo que les dé la gana apelando a su espíritu disruptivo.

En verano de 2023, Khan volvió a salir en las notificaciones de nuestros móviles porque desde esta oficina federal cursó una denuncia contra Amazon por «engañar y atrapar» a sus clientes con «patrones oscuros» para obligarlos a suscribirse a Amazon Prime sin su consentimiento. La agencia acusaba a la logística de Jeff Bezos de haber manipulado su web para que a algunos de sus usuarios les fuese imposible cancelar sus cuentas de Prime, de hacer más difícil las compras en Amazon si no te suscribes al

---

[3] L. M. Khan, «Amazon's antitrust paradox», *The Yale Law Journal,* 2017, disponible en [https://www.yalelawjournal.org/pdf/e.710.Khan.805_zuvfyyeh.pdf].

servicio de contenidos de entretenimiento y de haber incluido un botón en el que acabas tu transacción comercial sin saber que, al mismo tiempo, te estás suscribiendo a Amazon Prime.

Poco tiempo después, en septiembre de 2023, esta denuncia se convirtió en una demanda formal del Gobierno estadounidense y de los fiscales generales de 17 de sus estados contra la logística de Amazon por entender que impide a sus rivales bajar los precios, degrada la calidad del servicio que presta a sus clientes, pone trabas a la innovación y frena la competencia justa. La misma Lina Khan sostenía su demanda en estos términos:

> La demanda formula acusaciones detalladas que señalan cómo Amazon explota su poder de monopolio para enriquecerse mientras aumenta los precios y degrada el servicio para las decenas de millones de familias estadounidenses que compran en su plataforma y los cientos de miles de empresas que dependen de Amazon para su negocio. La demanda de hoy busca responsabilizar a Amazon por estas prácticas monopolísticas y restaurar la promesa perdida de una competencia libre y justa[4].

El caso de Khan es como el de otros tantos que desde las administraciones y las universidades reflexionan sobre la cuestión de los límites en los que se mueven estas plataformas, no con el objeto de discutir sobre su aceptación de las leyes que rigen la actividad de los mercados, que sería una evidencia, sino sobre otros asuntos de mayor calado aún, como el de si estas plataformas están destrozando un modelo social de vida y como el del papel que han de asumir las propias administraciones para evitar que estos abusos nos conviertan en consumidores teledirigidos por estas plataformas.

---

[4] Amazon ya traslada que las consecuencias de esta batalla judicial perjudicarán a los consumidores. David Zapolski y vicepresidente sénior de política pública global de la multinacional, avisa de que «se traduciría en menos productos disponibles, un aumento en los precios, entregas más lentas para los consumidores y menos alternativas para las pequeñas empresas. Exactamente lo opuesto a lo que la Ley Antimonopolio persigue».

El escritor y crítico literario Patricio Pron cita al respecto el ensayo *Chokepoint Capitalism*, de los autores Rebecca Glibin y Cory Doctorow, cuando hace la siguiente reflexión sobre Amazon:

> El de Amazon es el tipo de poder sin responsabilidad que más agrada a las grandes fortunas: es el de determinar quién produce qué, cuánto recibe por su trabajo, quién tiene acceso a él, qué concesiones debe realizar el productor para que su producto tenga visibilidad, cuánto va a pagar el consumidor por él, por cuánto tiempo va a poder utilizarlo, cómo le llega a su domicilio; de forma más general, en qué tipo de sociedad y de sistema económico vivirán las personas, a quiénes votarán y por qué, un asunto de enorme importancia que no debería estar en manos de las *big tech* y un puñado de multimillonarios sociópatas y narcisistas del Norte de California[5].

Las regulaciones de los servicios digitales que ha aprobado la Unión Europea y el papel más fiscalizador que en líneas generales asumen los organismos oficiales de regulación de la competencia en las sociedades occidentales apuntan en esta dirección, que va más allá de la precarización laboral de la que hablaremos en el siguiente capítulo. Los ciudadanos hemos convertido los vestíbulos de nuestras casas y las encimeras de nuestras cocinas en departamentos logísticos desde donde se distribuyen los paquetes a nuestros dormitorios y salones. Pero en la aceptación de este modo de distribución masiva, acelerado por la pandemia, llevamos la penitencia de nuestras acciones: los mismos que compramos casi todo así somos los que protestamos por las condiciones de explotación preindustrial que sufren los trabajadores de estas plataformas y por los abusos que sufre la competencia de las plataformas; asimismo, somos los que nos quejamos de que hayan cerrado tantas tiendas de nuestros barrios.

---

[5] P. Pron, «Así estrangulan las 'big tech' a los creadores culturales», *El País,* 28 de abril de 2023, disponible en [https://elpais.com/ideas/2023-04-28/asi-estrangulan-las-big-tech-a-los-creadores-culturales.html].

Queremos empleos cualificados, pero contribuimos a la precarización del sistema participando en esta *lowcostización* del mercado. Y ni nos planteamos que es fundamental reconstruir nuestras relaciones de comercio buscando que la destrucción creativa de empleo se mueva en términos más asumibles y que se proteja tanto a los consumidores como a quienes trabajan en esta nueva economía del todo a un euro. Si no, y casi sin percibirlo, nos habremos convertido en personajes de una novela posmoderna de Dickens. Donde antes teníamos sucursales de entidades financieras, ahora tenemos casas de apuestas. Donde antes teníamos puestos y tiendas que hacían barrio, ahora hay más y más tiendas cerradas.

No te estoy pidiendo que dejes de usar tus tarjetas de crédito en las plataformas de comercio por internet. Yo lo hago y lo voy a seguir haciendo, pero sin dejar de ir a las tiendas. Y por eso te pido que seas más consciente de las consecuencias que generan nuestras acciones, que recuerdes que si hay barrios a los que parece que alguien les ha robado el alma, no es por un imponderable, por un accidente o por un suceso imprevisto, es porque estamos poniendo, entre todos, los clavos del ataúd de nuestro modelo social. Nadie nos pone aquí una pistola para que prefiramos una falda o una chaqueta de Shein a las que venden en el comercio que hay debajo de tu piso. No somos seres exentos de responsabilidad. Como ciudadanos, somos lo que hacemos. No podemos tirarnos alegremente a *scrollear* en las tiendas y no ser capaces ni de comprar una bobina de hilo en la mercería de siempre o una bombilla al tipo que lleva vendiéndolas cuarenta años, ya que luego no nos podremos quejar de que estas tiendas desaparezcan y nuestros barrios parezcan un descampado un mediodía de calor.

XIX

EL PRECARIADO NO MOLA

La creciente brecha entre quienes forman parte del precariado y los privilegiados se está reforzando con los modelos de negocios de la Cuarta Revolución industrial, que a menudo hacen que las ganancias sean para quienes son dueños del capital o de la propiedad intelectual. Cerrar esa brecha requiere que reconozcamos que estamos viviendo en un nuevo tipo de economía impulsada por la innovación, y que se necesitan nuevas normas, estándares, políticas y convenios globales para salvaguardar la confianza del público. La nueva economía ya ha perturbado y recombinado innumerables industrias, y ha desplazado a millones de trabajadores.

Klaus Schwab, presidente ejecutivo
del Foro Económico Mundial de Davos

.

Algunos relatos de superación encubren modelos de negocio que se compadecen poco con ese espíritu transgresor. En ese mundo nuevo, que predican con el entusiasmo de un Moisés que te llevará a la tierra prometida de las naciones pantalla, un trabajador que se recorre la ciudad en bici a las tres de la mañana para traerte la hamburguesa que has pedido por la aplicación no es un semiesclavo que se juega la vida cada noche mientras pedalea por un sueldo escaso, sino un autónomo que surfea la libertad de poder estar hoy aquí y mañana allí. Un cantante que recibe mil euros por millones de reproducciones en Spotify y se queja de lo raquítico que son sus ingresos se convierte en una plañidera aguafiestas incapaz de sacar todo el rendimiento posible a la visibilidad que le ofrece la plataforma de reproducción en *streaming* de canciones. Y un joven pakistaní o venezolano que gana un dólar a la hora por meter datos para mejorar una aplicación de inteligencia artificial, de la que disfrutarán otros jóvenes de la misma edad a ocho mil kilómetros y ochenta mil dólares de distancia, será un *worker* que deberá dar las gracias por haber podido salir del engranaje de miseria de su mundo sin agua corriente.

A las naciones pantalla les irrita que les recuerden que bajo el manto de su irreverencia disruptiva cabe la explotación más indecorosa y que contribuyen a la desigualdad cuando destrozan a su paso los tejidos comerciales de las ciudades, las empresas de productos culturales, las de automóviles o las de los medios de comunicación. Nos venden la llave de entrada a un mundo de ensueño sin contarnos que este cuento de la criada se edifica sobre condiciones laborales decimonónicas y extrae el valor de nuestros datos para convertirnos en potenciales consumidores de los anuncios publicitarios que sacan en subasta.

Frank Pasquale es un profesor de la Universidad norteamericana de Maryland que en 2015 publicó un libro titulado *La sociedad de la caja negra (The Black Box Society),* en el que reflexionaba sobre el poder de los algoritmos para decidir sobre el destino de trabajadores y empresarios y para devastar una economía entera. En esos tiempos se empezaba a discutir sobre la *uberización* de los mercados de trabajo, pero lo que sostenía Pasquale podía encajar aún en el apartado de las distopías, nos podía parecer una exageración propia de una nueva serie de ciencia ficción. Su descripción de un mundo controlado por quienes a su vez controlaban los algoritmos adquiría un tono tan sombrío que abrigábamos la posibilidad de que sus predicciones respondiesen más a la necesidad de escribir párrafos con mordiente que impactaran a su audiencia que a unos augurios con visos de realidad. Visto con el tiempo, Pasquale no se equivocó. No se trataba de un capítulo de *scifi.* Los algoritmos se usan para multitud de tareas, casi todas ellas positivas y transformadoras, pero también para otras menos cordiales. Y en el ámbito de los mercados, su popularización también ha contribuido a una nueva vuelta de tuerca en la precarización del mundo del trabajo que promete intensificarse con el uso masivo de las aplicaciones cada vez más depuradas de inteligencia artificial.

La automatización llegará antes a los abogados que a los panaderos, como sostiene Daniel Susskind, profesor investigador del King's College de Londres y autor del ensayo *Un mundo sin trabajo (A World without Work)*. Pero entretanto, es aconsejable que veamos cómo la precarización afecta ya, sobre todo, a dos grupos de la población trabajadora: el de los productores de contenidos y el de las escalas más bajas de las cadenas logísticas de los sistemas de producción de las naciones pantalla.

Los creadores de contenido son trabajadores que le dedican más de una decena de horas al día a estar sentados delante de una pantalla con cámara, emitiendo programas inacabables en los que cuentan sus vidas, narran partidos de fútbol, comentan videojuegos o charlan con otros delante de cientos de miles de seguidores que consumen obnubilados sus emisiones en directo. Algunos, los que mejor comunican y han sabido hacerse con un sitio, logran el apoyo de las grandes marcas publicitarias y obtienen ganancias por sus actividades; pero el resto, la inmensa mayoría, sufre la ansiedad de vivir pegado a su silla de *gamer* comiendo galletas de chocolate y bebiendo latas de cerveza mientras que el contador de ingresos sigue a cero o se queda en cifras que no dan ni para otra bolsa de patatas fritas y mucho menos para pagar la banda ancha con la que se conectan a internet, ese mismo que suelen sufragar sus padres.

Un día hice un cálculo con un alumno mío, un veinteañero avispado, trabajador y con muchas ganas de vivir del periodismo, que tenía un canal de Twitch para hablar de las ligas españolas de fútbol. El joven dedicaba unas 1.400 horas durante el curso a alimentar su canal pese a que no lograba ingresos con él. La inversión era emocional (le encanta hablar de fútbol, su gran pasión) y también profesional (le metía horas de vuelo a la profesión y empezaba a darse a conocer). Su esfuerzo seguramente merecía la pena, entre otras razones, porque permite identificar a alguien dispuesto a luchar por lo que quiere, que practica lo que predica, es coherente y constante (de hecho, ha logrado trabajar en un diario deportivo nacional de gran tirada). Pero no dejo de pensar que quien obtenía ingresos por su formidable esfuerzo no era él, sino la plataforma que albergaba sus contenidos, que, a cambio de ofrecerle un soporte desde el que gana en visibilidad, lograba una producción diaria e ilimitada de contenidos a cambio de nada.

Estas plataformas se nutren del esfuerzo de adictos a sus aplicaciones encantados de pasarse horas y horas haciendo un trabajo no remunerado del que sólo logrará ingresos la plataforma. Estos chicos están en la parte divertida de la vida, pero sufren la misma precariedad que los *riders* que aguantan el último capricho de la pareja que quiere que le lleves a su casa sushi para cenar un lunes por la noche de invierno o que los que trabajan como máquinas sin derecho ni a ir al baño en una cadena de entrega de paquetes de una plataforma de envío de productos.

Sobre ellos, sobre la mayoría de personal no cualificado, que apenas puede optar más que a trabajos en serie o a la función de creador gratuito de contenidos para la red, pesa una tiranía invisible de la que no es fácil escapar. Pon tú mismo los adjetivos calificativos que quieras. Yo aquí lo que veo es una suerte de esclavismo *cool,* de situaciones cercanas a la explotación laboral, la precarización y la erosión del valor del trabajo que, en nombre del santo grial de la innovación y la modernidad, pretenden esquivar el corpus legal de protección de los derechos de los trabajadores en los países avanzados. Y lo que observo es que tienen razón quienes advierten sobre la *plataformización* de las ciudades, sobre ese modelo de ciudad bajo demanda sobre el que alerta Jorge Sequera, autor del ensayo *La ciudad de las plataformas: Transformación digital y reorganización social en el capitalismo urbano,* cuando dice que «el futuro de nuestras ciudades dependerá de nuestra capacidad para regular y democratizar el acceso a los datos y las tecnologías, así como de *desplataformizar* progresivamente parcelas de nuestra vida cotidiana para que dejen de ser meros espacios de extracción de valor para las grandes corporaciones tecnológicas».

Sacha Michaud es un ex jinete profesional. Un tipo de complexión atlética y fibrosa, barba rojiza bien cuidada y un discurso que se encuadra en el arquetipo de los emprendedores en serie. También es el cofundador de Glovo, la plataforma de economía colaborativa que te lleva comida a casa gracias a sus *riders,* autónomos que se encargan de transportar en sus bicicletas hasta tu domicilio la comida que pides. Si vas a YouTube y buscas una entrevista al jefe de Glovo que se titula «Sacha Michaud y el hipercrecimiento de Glovo»[1], verás cómo retuerce el relato para vender como una aventura para intrépidos lo que no deja de ser un negocio cuyo modelo se basa en la precarización de su fuerza laboral. Michaud describe la metodología laboral de Glovo como un ejemplo de flexibilidad que permite a los trabajadores tener la libertad que no tendrían en un empleo analógico y encorsetado: «Sería maravilloso que un *glover* pudiese estar en Milán y dijese: quiero vivir en Barcelona tres meses, y viniese a Barcelona. Y luego dijese: pues me voy a Lisboa. Puede vivir en diferentes ciudades, vivir la experiencia y sin hacer grandes esfuerzos». O sea, un precario explotado, pero también viajado. Otra más, ahora sobre las denuncias en torno a la precariedad que generan estos modelos de actuación: «Yo creo que no es así. Hay que poner todo en su contexto. El *glover* disfruta, está en la calle, con la bicicleta, que es más agradable. Una vez conocí a uno que antes estaba en una cocina y que ahora está mucho más a gusto». Cualquiera diría que uno se apunta a trabajar a Glovo como si se fuera a *Planeta Calleja,* viviendo en distintas ciudades y disfrutando con su bicicleta en ristre. Sí, entiendo lo que estás pensando: hay que tener la cara de cemento armado para describir así un modelo como el de Glovo. Lo pienso yo y lo piensan Gobiernos y expertos. Al momento de redactar estas últimas líneas, en diciembre de 2024, Glovo ha decidido abandonar en España su modelo basado en la figura de los falsos autónomos y hará contratos a sus trabajadores. Es una interpretación, pero comprenderéis que es inevitable que pueda pensar que la decisión se toma por la presión ejercida desde el Gobierno y desde los tribunales.

Da igual. Lo que aquí ya me llama la atención es que a estas alturas de siglo entendamos que es un triunfo que una empresa trate como trabajadores por cuenta ajena a sus empleados y no como supuestos autónomos que gozan de la libertad de acción de ser los dueños de su propio tiempo. ¿A qué estadio hemos llegado como para que haya que pelear por algo tan básico? Ya tenemos suficiente con las contradicciones que nos genera que China y otros países del continente asiático sean las grandes fá-

---

[1] Disponible en [https://www.youtube.com/watch?v=0TWo1b3_3ak&t=1s].

bricas del mundo, que surten a los acomodados del planeta gracias a la explotación de millones de obreros, como para que ahora tengamos que aceptar que una parte muy importante de la población tenga que resignarse también a estos modelos de explotación salarial que la convierten en abejas obreras que, además, le tienen que dar las gracias a la abeja madre del reino digital por permitirles acceder a su mundo tecnológico de ensueño.

Las naciones pantalla no son las únicas culpables de la precarización del mundo del trabajo. La economía colaborativa, que condena también a miles de trabajadores a la condición de falsos autónomos, requiere de un público consumidor dispuesto a mirar para otro lado cuando surge la conversación sobre las condiciones laborales de quienes prestan sus servicios en estas empresas, las cuales han hecho de la desintermediación su modelo de negocio y hasta su evangelio.

Todos, en mayor o menor medida, somos responsables de su propagación; accedemos a productos y servicios cuyos precios no podrían ser tan baratos si no hubiera detrás situaciones más propias de las miserias de la Revolución industrial que de las sociedades que han llevado a gala la dignificación de las condiciones laborales gracias a la adopción de leyes y reglamentos que limitan la capacidad de explotar a la mano de obra, más o menos cualificada, que se requiere para la producción.

Cuando compramos ese cruasán a las tres de la mañana de una noche de tormentas, también participamos en el proceso de degradación personal del chico que te trae la bollería industrial en la mochila mientras sortea los baches con su bici. Cuando compramos la ropa *online* y pasamos de la tienda de enfrente, luego no nos podemos quejar como plañideras porque el pequeño comercio se muera. Cuando nos negamos en rotundo a pagar un solo euro por las noticias y nos da igual que los periodistas no cobren, luego no nos podremos lamentar de que no haya medios fiables. Y así con tantos sectores y oficios. Como sostiene con lucidez la periodista y escritora Marta Peirano: «No hace falta ser ludita para entender que esta automatización optimiza la productividad del negocio sin que sus beneficios trasciendan a la comunidad. Si una tecnología no contribuye a la creación de una sociedad más sana, equilibrada o resiliente, ¿podemos hablar de prosperidad?»[2].

Es un problema vinculado a la idea de la destrucción creativa de empleo y de la robotización. De lo que hablo es del precariado 4.0 y de la reflexión que tenemos que hacernos acerca de la necesidad de explorar los avances tecnológicos que nos mejoran la vida sin dejar atrás a quien no logre estar entre los elegidos, sin generar aún mayor desigualdad y sin poner en peligro los derechos laborales de los que nos hemos dotado en los últimos 150 años. No se puede caer en el fatalismo de pensar que este es el signo de los tiempos. Que unos empleos morirán y que otros nacerán, eso ya lo sabemos. No hace tanto, un informe hecho público en Davos calculaba que la irrupción abrupta de tantas aplicaciones de IA provocaría la destrucción de unos 80 millones de puestos de trabajo y la creación de otros 69 millones de empleos[3]. Pero ese no es el asunto. La clave es saber qué clase de empleos desaparecerá y, sobre todo, qué calidad tendrán los nuevos puestos de trabajo.

El libro de la ensayista Amy Webb *Los nueve grandes* dibuja una realidad tan estimulante como llena de peligros, en la que habrá que conciliar con dignidad el desarrollo de estas herramientas con el respeto de nuestros derechos. La inteligencia artificial es el proceso de automatización más importante de la historia moderna y cambiará nuestra percepción del ocio y del trabajo, al mismo tiempo que nos obligará a reinventarnos de modo constante y en tiempo real. Ahora que nos auguran un mundo en el que sobrará gente para trabajar y habrá que gestionar cómo se mantiene la paz social y el desarrollo, es cuando tenemos que plantearnos si esta sociedad, que se rige por las reglas que marcan las plataformas, debe proponerse como reto de nuevo el logro de empleos y sueldos dignos para el mayor

---

[2] M. Peirano, «Sobre automatización y progreso», *El País,* 7 de agosto de 2023, disponible el [http://elpais.com/opinion/2023-08-07/sobre-automatizacion-y-progreso.html].

[3] S. Zahidi, «See how the future of jobs is changing in the age of AI», *World Economic Forum,* 3 de mayo de 2023, disponible en [https://www.weforum.org/stories/2023/05/future-of-jobs-in-the-age-of-ai-sustainability-and-deglobalization/].

número posible de personas. De lo contrario, lo que habremos certificado es la muerte prematura del estado del bienestar y de los sistemas sociales de los que nos hemos dotado en las sociedades avanzadas, sobre todo las europeas, para la mejora de nuestras condiciones de vida. Y no, aquí no cabe resignación alguna ni un sentimiento de derrota.

El futuro no puede ser un territorio para Mad Max en el que unos pocos se hacen con casi todo y el resto malvive como puede, tomándose pastillas de la felicidad en forma de *scroll tiktokero*. La precariedad no es inevitable. Somos nosotros los que marcamos las reglas. Y también somos nosotros los que tenemos que despertarnos y poner sobre la mesa estas cuestiones. Debemos reafirmarnos en la idea de que el progreso tiene que servirle a la comunidad para vivir mejor. Y que, si hay aspectos de él que, como estamos contando aquí, conducen a la precarización, lo que hay que hacer es mirar de frente al problema y ponerse firme con regulaciones exigentes ante quienes están situándose en posiciones monopolísticas y apuntalando este sistema donde unos pocos marcan las pautas que esclavizan a muchos.

Jan Eeckhout, autor del ensayo *La paradoja del beneficio*, defiende esta mayor regulación y aporta datos que avalan la percepción de que las grandes tecnológicas nos están marcando el paso a los demás. Este investigador belga sostiene que hay unas 400 grandes compañías en el mundo que representan en torno al 40% de la economía mundial y cuyo poder de mercado es tan enorme que arrastran a todas las demás a fijar salarios muy bajos para poder competir. Entre las que dictan los sueldos del mundo están las grandes tecnológicas. «Google, Amazon o Facebook», afirma el investigador, «han estrangulado los sueldos del mundo»; y no van a aflojar por cuenta propia. O se las obliga a cambiar o van a seguir igual, cosa que tampoco les vamos a reprochar ahora: es lo que han hecho todas aquellas compañías capaces de controlar sus mercados. Por eso, y desde la convicción de que la autorregulación no va a funcionar jamás, hay que exigir más legislación.

Se suele decir que un mercado lo que hace es agregar la información privada que tiene la gente. Hoy en día, Google, o Alphabet, sabe mucho más que lo que pueda saber el mercado, porque en el mercado, a fin de cuentas, sólo hay un precio. Google sabe el precio que tú estás dispuesto a pagar, el que yo estoy dispuesto a considerar, etcétera. Funciona mejor que el mercado. Y eso es preocupante, porque esa información no es para la gente, sino para su propio beneficio. El mercado tiene un problema. Si Google cerrara un acuerdo con Madrid o con Nueva York para organizar el transporte público o la logística, habría menos congestión y más eficiencia, porque tiene mucha información. El problema es que aquí no hay mercado, hay monopolio. Y el monopolio sólo funciona si está regulado. Tenemos que reconocer que no podemos vivir sin monopolios, eso es una realidad.

¿Por qué crees que no hay sindicatos en la mayor parte de las plataformas tecnológicas? No es un misterio sin resolver. Hasta ahora, los incentivos que recibían quienes formaban parte de esta industria, en su mayor parte profesionales cualificados como los ingenieros, los programadores o los analistas de datos, los disuadían de cualquier tentación sindical. Para qué asociarse si mi empresa es un parque temático lleno de mesas de ping-pong y gano lo suficiente para llevar una vida que mis compañeros de generación no se atreverían ni a soñar. Hoy, este acomodamiento colectivo permanece, pero el medio ambiente interno de estas compañías está más maduro para la irrupción de iniciativas de sindicalización de los trabajadores en defensa de sus intereses individuales y colectivos. En 2021, un grupo de unos 200 trabajadores de Google anunció la creación de un sindicato en la empresa del motor de búsqueda; una propuesta que se sumaba a las que ya germinaban en el interior de Amazon para organizar la defensa laboral de los trabajadores de la logística –como es el caso de su plataforma de Kentucky, donde los trabajadores reclamaban un salario de 30 dólares la hora y siete días de vacaciones al año, al mismo tiempo que gestionaban su incorporación al Amazon Labor Union–, o las que se pusieron en marcha en tiendas de Apple y en las fábricas de Tesla –propiedad del nuevo dueño de Twitter, Elon Musk–[4]. Y, poco después, en Kenia nacían los African Conten Moderators, que reúne a moderadores de contenidos y etiquetadores de datos de Facebook, ChatGPT y TikTok de este país que denuncian condiciones deplorables de trabajo, como las que contó en la revista *Time* el ya extrabajador Daniel Motaung: «El trabajo que hacemos es una especie de tortura mental»[5].

No vayas a pensar que estas grandes compañías reciben con alegría estos intentos de organización de estructuras sindicales. Azahara Palomeque cita en un artículo[6], en el periódico *La Marea,* una información de Bloomberg según la cual Google estaría violando los derechos laborales de la mayoría de los empleados que forman Google Help (la simiente de un futuro sindicato). Una estrategia que ya habrían llevado a cabo otras grandes del sector para espantar los deseos de sindicarse de sus profesionales.

¿Por qué, entonces, y pese al acoso, esta maduración ha derivado en la constitución de estas incipientes organizaciones sindicales? No parece que haya sido por una degradación de las condiciones salariales de una industria cuyos sueldos medios siguen estando muy por encima de la media de otros sectores, como los de la comunicación, la creatividad, el entretenimiento o la distribución de mercancías. Más bien el motivo es que se están dando en paralelo dos causas que, juntas, sí pueden cambiar la situación de la sindicalización de esta industria.

En primer lugar, asistimos a una oleada de despidos que se ha llevado por delante más de 150.000 puestos de trabajo en

---

[4] M. Sainato, «Workers at Amazon's largest air hub in the world push to form a union», *The Guardian,* 27 de noviembre de 2022, disponible en [https://www.theguardian.com/us-news/2022/nov/27/workers-amazon-air-hub-union-cincinnati-northern-kentucky].

[5] B. Perrigo, «Inside Facebook's African sweatshop», *Time,* 14 de febrero de 2022, disponible en [https://time.com/6147458/facebook-africa-content-moderation-employee-treatment/].

[6] A. Palomeque, «Google acusado de despedir ilegalmente a decenas de trabajadores por sindicalizarse», *La Marea,* 7 de agosto de 2023, disponible en [https://www.lamarea.com/2023/08/07/google-acusado-de-despedir-ilegalmente-a-decenas-de-trabajadores-por-sindicalizarse/].

empresas tecnológicas en menos de un año, muchos de ellos consecuencia directa del inicio de la era de la automatización. Las tecnológicas han despedido de modo fulminante a un número de personas equivalente al de una población como la de Córdoba. Y en segundo lugar, se percibe una mayor toma de conciencia frente a los abusos perpetrados por esta industria, no sólo hacia fuera, con los desmanes provocados al abrigo de la publicidad personalizada, sino también hacia dentro, con sus trabajadores como principales perjudicados por la aplicación de estas nuevas tablas de la ley.

Francesca Bria, doctora de Innovación y experta en datos y políticas digitales, advierte en una tribuna de opinión[7] que

las tecnologías están remodelando el mercado laboral y las instituciones del trabajo, no para beneficio de los trabajadores, sino de las grandes empresas tecnológicas. Buena parte de sus tareas se encuentran cada vez más fragmentadas o repartidas geográficamente. Además, los algoritmos son capaces de monitorizar en tiempo real la actividad laboral, con el riesgo, si no se gestiona adecuadamente, de crear nuevas formas de explotación o discriminación. La desagregación de tareas y su dispersión en la cadena de valor global están desafiando nuestros sistemas de seguridad social, alterando las normas establecidas en los convenios y legislaciones vigentes.

¿Solución para Francesca Bria? La recuperación de nuestra soberanía digital:

La soberanía digital es la habilidad de la gente para determinar la dirección de las innovaciones tecnológicas y establecer sus propias prioridades. Esto significa salir del escenario actual del monopolio de las *big tech,* que tienen un poder de mercado ilimitado en estos momentos. Por un lado, hablamos de las em-

---

[7] F. Bria, «Inteligencia artificial al servicio de los trabajadores digitales», *El País,* 27 de septiembre de 2023, disponible en [https://elpais.com/opinion/2023-09-27/inteligencia-artificial-al-servicio-de-los-trabajadores-digitales.html].

presas de Silicon Valley, en Estados Unidos, como Facebook, Amazon, Apple o Google, y, por otro, de las corporaciones tecnológicas chinas, que cada vez están más presentes en nuestro día a día, como Alibaba o Huawei. Estas compañías, todas combinadas, tienen un valor en el mercado de tres trillones de dólares, de los cuales un trillón se gestiona *offshore*, es decir, en paraísos fiscales. Los dividendos no se reinvierten en economía real ni se distribuyen para crear nuevas riquezas o puestos de trabajo que puedan beneficiar a toda la población, sino que sólo las compañías se enriquecen.

Los modelos basados en la explotación de los trabajadores adoptan nuevas formas que encubren el esclavismo que abolimos entre los siglos XIX y XX. Y hay que denunciarlos igual, ahora que se disfrazan de sistemas libertarios en los que se da barra libre para vivir y trabajar como uno quiera, cuando, realmente, no son más que formas sofisticadas para explotarte y domesticarte. Creo en el esfuerzo y en el mérito y me rebelo tanto contra el parasitismo de quienes piensan que el Estado les debe una como contra quienes piensan que el dinero público es infinito y viene del cielo, pero esto que te cuento es compatible con pensar que los Estados están para garantizar que nuestras condiciones de vida vayan a mejor, no a peor. Si aceptamos que esta desintermediación tecnológica produzca para las grandes masas puestos de trabajo en peores condiciones que los de la sociedad industrial previa a la llegada de internet, entonces es que no hemos entendido bien en qué consiste el desarrollo económico y social.

Me dirás que tal vez se me nota mucho que soy el típico producto de la sociedad del bienestar. Acepto la acusación: me creo el estado del bienestar y lo defiendo frente a quienes ensalzan la desregulación y un mercado que, de tan libre que es, deja de ser libre y es el territorio idóneo para la expansión de los piratas que practican una suerte de esclavismo posindustrial, donde los derechos desaparecen. Y no, no creo que el precariado este mole nada. Dejémonos de envolver en papel celofán las proclamas libertarias de estos tipos para quienes los derechos son un obstáculo en su meta de hacerse lo más ricos posible. Y digamos con claridad que ya está bien de vendernos este nuevo esclavismo como algo tan *cool* que nos cambiará la vida. No, en todo caso se la cambiará, y ya se la está cambiando, a quienes mueven estos negocios, no a quienes sueñan con ser los siguientes unicornios y terminan repartiendo esos cruasanes a las tres de la mañana.

CONCLUSIONES

La idea de que nuestros hijos vayan a vivir peor que nuestros padres no se sostiene. Por mucho que los apocalípticos de todo pelaje se empeñen en contarnos que vivimos en el peor de los mundos, vivimos, nos entretenemos, nos divertimos y disfrutamos mucho más que en generaciones anteriores. Pillamos más vuelos, salimos más a los bares, vemos más series y películas en nuestras pantallas domésticas y disfrutamos de más experiencias, algunas de ellas a través de tecnologías como la de la realidad virtual, que nos permite pasear por estaciones espaciales o ir a parques naturales de África Central con sólo ponernos unas gafas en el salón de nuestras casas. Los avances en medicina, que hace muy pocos años nos sonaban a ciencia ficción, están en proceso de comercialización al por mayor, salvándoles la vida a millones de personas; las vacunas propician la frenada en seco de las pandemias, y, si el suicidio climático no lo impide, nuestras ciudades podrán ser cada vez más saludables y estar gestionadas con criterios medioambientales y con desarrollos tecnológicos de última generación. Somos parte de un hito que ha acelerado la evolución de la humanidad. Lo que antes se tardaba en mejorar unas cuantas décadas o siglos, hoy se logra en semanas. Hemos pasado del papiro a la pantalla táctil en tres mil años, pero apenas necesitaremos una década para contemplar cómo la inteligencia artificial, el *big data* y la robotización cambian el mundo en que vivimos.

Las naciones pantalla han adoptado un papel esencial en esta mejora. No podemos describir a los hijos más brillantes de Silicon Valley y del noroeste de Estados Unidos, a Zuckerberg, Brin, Page, Gates o Bezos, desde la caricatura y el trazo grueso. Su empuje, su dinamismo y su clarividencia han sido determinantes en la creación de herramientas que nos han permitido vivir mejor y han construido un barrio digital del que apenas queremos salir. Las redes sociales, los motores de búsqueda y los teléfonos inteligentes han hecho posible una disrupción en la comunicación entre las personas y en la evolución del conocimiento que sólo podemos comparar con la irrupción de los pergaminos o con la invención de la imprenta de Gutenberg. Vivimos en los *apartamentos* creados por el tridente de Meta (Facebook, Instagram y WhatsApp), X, LinkedIn, Booking, Spotify, TikTok, Twicht, YouTube, Airbnb, Netflix y el resto de las plataformas de entretenimiento audiovisual, Amazon, la misma Google y las aplicaciones que encontramos en las tiendas de Apple y de Android.

En el orden político, estas nuevas plazas para la conversación y el conocimiento exprés han traído más libertad, intercambio de ideas y democracia. Las redes sociales han sido el escenario de una asamblea en la que muchos han podido volver a sentirse representados y en la que los hijos de la indignación han podido asaltar el poder desde sus terminales de iPhone y de Samsung y empoderarse en su camino hacia las instituciones de gobierno de sus respectivos países. Las naciones pantalla han sido las autopistas para la irrupción de la Primavera árabe, para la propagación del Me Too, del Black Lives Matter y de los movimientos del 15-M en España y los cauces de expresión de una humanidad que se confinaba para huir de un virus que podía ser letal.

Su poder transformador no se ha circunscrito al ámbito de la discusión pública, la información y la conversación, sino que se ha extendido a casi todas las actividades sociales y económicas que desarrollamos los seres humanos. Las plataformas han supuesto también una catarsis que ha golpeado las estructuras tradicionales del comercio, permitiendo nuevas oportunidades de negocio al multiplicar la capacidad de las empresas de abrir nuevos mercados y expandirse a otros territorios, abaratando costes y mejorando los canales de acceso y de distribución de mercancías de una sociedad que, ahora sí, es global. Han cambiado nuestra percepción de cómo se debe ejecutar un servicio público; por ejemplo, en cómo nos relacionamos los ciudadanos con la sanidad. Han revolucionado el deporte profesional con sus torrentes de estadísticas y cifras que han relegado al banquillo el olfato, la experiencia y la intuición de los entrenadores. Y, ahora, están asaltando la cultura, el último reducto de la creatividad del ser humano hasta que las aplicaciones de inteligencia artificial sean capaces de escribir una nueva entrega de las andanzas don Alonso Quijano o dicten la partitura de una sinfonía idéntica a las de Mahler.

Las redes han demostrado también tener algo de un espíritu libertario y pleno de un afán democrático y participativo, de promesa de una vida sin barreras donde los límites te los pones tú. Los horarios se acaban. En su seno no hay tiendas que cierren los domingos ni candados que te prohíban ver lo que te dé la gana y hablar con quien quieras. Ellos te facilitan que seas tú mismo y que hagas lo que te apetezca. Y si no te sientes bien con cómo eres, te aportan soluciones: ponte un filtro y ya verás que apareces ante los demás mucho mejor de lo que eres, más guapo, más atrevido, más sexy. No es vanidad, es autoestima. Y si no te sientes tan *cool* como algunos a los que sigues, siempre te queda la opción de navegar por la red desde el anonimato, buscando una relación o simplemente descargando tu ira contra alguien desde alguna cuenta en la que sólo se ve un apodo y un dibujo que nadie va a identificar.

Pero ya sabes que hay un reverso muy tenebroso en todo esto. Las naciones pantalla que han sabido gobernar este cambio disruptivo han ganado muchísimo en las últimas tres décadas. La tentación de utilizar todos los recursos, técnicas, trucos y tretas necesarios para seguir amasando aún más dinero ha sido tan fuerte que la mayoría de los presidentes, consejeros delegados y directores generales de estas plataformas han hecho lo que Oscar Wilde aconsejó que había que hacer con estas tentaciones: caer en ellas.

Las plataformas aprovechan el valor añadido que ofrecen para ingresar en el circuito de las empresas más valiosas del mundo, convirtiéndose en compañías con ingresos y presupuestos mayores que una gran multitud de países, pero comportándose como organizaciones que trabajan fuera de las reglas generales de la convivencia, como naciones pantalla que, con el tiempo, hemos descubierto que también escondían unos cuantos cadáveres en sus jardines. Doctores Jekylls con vocación de místeres Hydes. Y es ahora cuando nos hemos dado cuenta.

Si has llegado hasta este capítulo final, entiendo que te preocupan los problemas que he descrito y que eres aún más consciente de que hay que discutir sobre ellos y hacer algo, ya veremos qué. Si es así, me alegro de que tengas esta actitud y sólo me queda pedirte que, si lo estimas oportuno, hables de estos temas en tu entorno y que ayudes a que estos asuntos entren en la primera línea de la agenda social, económica y política. Para que entren en vías de solución (y aquí no hay nada que sea irresoluble), es imprescindible que asumamos que esos problemas existen y que aceptemos que sus consecuencias son tan graves que no podemos minusvalorarlos.

En nuestra condición de clientes y consumidores de estos productos, tenemos una responsabilidad. Y también otra como ciudadanos de nuestras comunidades: la de llevar estos asuntos al seno de las instituciones que nos representan, con el objeto de que estas se arremanguen, frenen los abusos que hemos descrito y nos ayuden a mantener una relación más saludable con unas herramientas que también nos están ayudando de una forma increíble a vivir mejor.

No se trata, por tanto, de concluir que hay que abanderar una cruzada contra lo nuevo. Nada más lejos de mi intención alentar una soflama ludita contra quien innova y nos ayuda a hacer lo que antes no estaba al alcance de nuestras ensoñaciones. Pero sí de aspirar a que, entre todos, entendamos que las reglas del juego las dictamos nosotros a través de quienes nos representan democráticamente, y no unas plataformas que descubrieron que el oro de Moctezuma se escondía debajo de las cachés de los metadatos que dejábamos en nuestras incursiones en sus canales y muros.

¿Qué va a pasar con las naciones pantalla? Pues no lo sé. Menos aún ahora que estamos asistiendo, entre el asombro y el estremecimiento, a este pacto del presidente de Estados Unidos con algunos de estos prebostes tecnológicos, reconvertidos en hinchas recalcitrantes del nuevo mandamás de la Casa Blanca. Esto no es un guion con ínfulas hollywoodienses en el que un giro final cambia los acontecimientos descritos. No hay un barco que frene en el último segundo antes de la colisión con el iceberg ni un Séptimo de Caballería que nos libre de una aniquilación segura. Puedo pensar que las naciones pantalla, las de ahora y las que ganen en los próximos años la lucha por el cetro del mercado de la inteligencia artificial, seguirán estando por delante de las administraciones a la hora de innovar y ofrecer productos con los que no podíamos ni soñar. Y que también seguirán queriendo imponer sus condiciones a esos Estados, los cuales ahora empiezan a poner coto a los efectos más tóxicos del modelo de negocio basado en la programática. O puedo intuir que muchas de ellas vivirán el mismo ciclo de crecimiento, auge y ocaso de los distintos imperios a lo largo de nuestra historia reciente. Pero son ganas de elucubrar. Y este libro que acabas de leer se centra en el presente y no en un futuro al que yo no sé anticiparme.

En este presente, sí me gustaría que, en la medida de tus posibilidades, hicieras activismo en favor de un *armisticio* entre los Estados nación y las naciones pantalla del que pueda beneficiarse el mayor número de ciudadanos y que sea capaz de reconducir una situación que se nos ha ido de las manos.

Quiero pensar que estamos a tiempo de parar algunas de las barbaridades que nos estamos infligiendo a nosotros mismos y que, dentro de unos años, hablaremos de los problemas que detectamos en las primeras décadas de este siglo en nuestra relación con las naciones pantalla. Que hablaremos de ellas como de los problemas naturales que pueden surgir en el inicio de un tiempo nuevo, problemas con circunstancias similares a las que vivieron los coetáneos de la aparición del papiro, la invención de la imprenta, la expansión del ferrocarril o la Revolución industrial.

Tengo la esperanza de que nos pase como lo que ya vivimos con el tabaco. Si no eres mayor, igual te piensas que te estoy vacilando, pero te puedo asegurar, y no es broma alguna, que yo soy de una generación en la que nos parecía normal que los fumadores encendiesen sus cigarrillos en los hospitales, en los bares, en los centros de trabajo y en las escuelas. Hoy, si eso pasara, a ti te volaría la cabeza y te preguntarías cómo se podía permitir. Me gustaría que, dentro de unos años, cuando narremos la época en la que permitimos que nos rastreasen los teléfonos, en la que andábamos siempre distraídos por nuestra adicción a nuestras pantallas, en la que mirábamos a otro lado mientras se destruían nuestras democracias con *fakes* cargadas de odio y en la que nos entregábamos al comercio *online* mientras desaparecía la vida de los barrios, podamos decir que menos mal que decidimos que no seguiríamos así.

Está en nuestra mano. No hay que ponerse una capa de superhéroe para conseguirlo. Basta con que despertemos de nuestra somnolencia digital, que actuemos con la inteligencia que se nos presupone y que obliguemos a las administraciones a tomarse este asunto con la seriedad que requiere. Y si tú quieres empezar con algo, recuerda que la pantalla de tu móvil sirve para que tú vivas mejor, no para que lo hagan quienes controlan esas pantallas desde su condición de señores feudales de sus naciones pantalla.

A lo largo del libro te he contado todo lo bueno que tienen estas naciones pantalla, también los problemas y toxicidades que generan, las acciones que están llevando a cabo las administraciones públicas para hacerles frente y algunas de las propuestas que están haciendo al respecto algunos de los pensadores y ensayistas que más están reflexionando sobre estos asuntos. También te he explicado por qué pienso que la caída de la industria del periodismo ha agravado aún más la situación al desaparecer los diques de contención de las mentiras. Además, te he advertido de que el asunto se resume en que la tecnología nos ayuda a vivir mejor, pero que algunas de las empresas que han hecho que nuestra vida sea más cómoda han puesto un precio demasiado alto a cambio de sus beneficios.

Las naciones pantalla han hurgado en nuestra privacidad para estudiar nuestro comportamiento inmediato y así endilgarnos el mayor número posible de anuncios; han usado hasta la extenuación sistemas de persuasión para captar nuestra atención, causando problemas de adicción, en especial entre la gente más joven; han destrozado tejidos comerciales que eran la piel de miles de ciudades y pueblos, y han abierto sus puertas a la peor ralea política alentando la desinformación, las mentiras, las infamias y el odio.

Te he trasladado algunas de las soluciones que exponen expertos en estas materias y que merece mucho la pena que sigamos discutiendo allí donde podamos, en los medios de comunicación, en las redes, en las mismas conversaciones entre amigos, con los compañeros de trabajo, en los grupos de WhatsApp de la familia o de los padres y madres del colegio. Te repaso por aquí algunas de ellas. La misma Lina Khan, que cercó al oligopolio de las tecnológicas desde su puesto en la Administración Biden, sostiene que quizá sea una buena idea considerar internet como si fuera un bien fundamental, igual que lo son el agua, la luz o el gas, para así intervenir en el mercado de la banda ancha y controlar los precios y las operaciones que han convertido estas compañías en un oligopolio gigantesco. Amy Webb aboga por la colaboración y se centra en exigir a las nueve grandes tecnológicas (Google, Facebook, Apple, Amazon, Microsoft, IBM y las chinas Baidu, Tencent y Alibaba) que trabajen con los Estados a la hora de centrar sus esfuerzos en el desarrollo de una IA volcada en las grandes cuestiones, y no en aplicaciones comerciales (por la presión de Wall Street y los grandes fondos) o en herramientas que sirven a dichos Estados para controlar y someter a sus ciudadanos (China). Frances Haugen, la «arrepentida» de Facebook, reclama un control infinitamente mayor sobre los algoritmos. Jaron Lanier defiende una apuesta por el *data dignity*. Timnit Gebru reclama protección para los empleados de las tecnológicas que se atrevan a denunciar el mal uso que hacen estas de los dispositivos que lanzan a los mercados. Y los profesores Acemoğlu y Johnson, con una perspectiva si se quiere más política, lanzan la idea de imponer un nuevo impuesto a la publicidad digital.

Pero aquí, en este momento, lo importante es lo que hagas tú. Apelo a tu responsabilidad individual y a tu capacidad para rebelarte y aportar para el cambio. Empieza por no ser esclavo de tus dispositivos. Compórtate como un activista no sólo en las calles, sino en tu hogar, sé un activista doméstico que controla las herramientas tecnológicas que usas en el día a día. Aparta de ti el móvil todas las veces que puedas y esquiva algunas de las peticiones constantes de datos o de atención de las naciones pantalla. No dejes que te rastreen más de la cuenta, no le des todos tus datos a la primera aplicación que te apetezca descargarte, limita el uso de tu teléfono, date microdescansos, reprime las ganas de *scrollear* en TikTok, vete a ver una película al cine, tírate en el sofá a leer un libro, levanta la mirada del móvil, charla con los amigos, usa cuadernos… Por último, recuerda tres cosas: la primera es que la vida va mucho más allá de las cinco pulgadas de tu móvil; la segunda, que tú no has venido al mundo a que una tecnológica sepa todo lo que haces para así colocarte como sea un anuncio delante de tus ojos; y la tercera, que tengas siempre presente que, de momento, en las democracias mandan los representantes que nosotros elegimos y no los algoritmos o las personas que están detrás de esos algoritmos. Sobre todo de esto último, no te olvides nunca.

BIBLIOGRAFÍA

La elaboración de este ensayo ha sido también un pretexto para leer lo que se cuece en torno a un asunto que hasta hace poco tiempo no residía bajo el radar de los grandes medios y de la opinión pública. Hoy, la situación ha cambiado drásticamente. Los grandes diarios europeos, americanos y de otras latitudes acogen decenas y decenas de artículos periodísticos en los que se advierten de los problemas causados por el descontrol de las tecnológicas, y las estanterías y las mesas de las librerías nutren al interesado de numerosas publicaciones que nos permiten profundizar en todos los aspectos de los problemas que he planteado en este ensayo. Si quieres seguir leyendo más sobre esta historia, te paso por aquí algunos de los textos que he ido leyendo para documentarme. Algunos, te anuncio, son una lectura imprescindible.

ACEMOĞLU, D., y ROBINSON, J. A., *Por qué fracasan los países: Los orígenes del poder, la prosperidad y la pobreza,* Barcelona, Deusto, 2012.

ARANDA, D., *Querido alumno, te estamos engañando,* Barcelona, Temas de hoy, 2023.

CARR, N., *Superficiales: ¿Qué está haciendo internet con nuestras mentes?*, Barcelona, Taurus, 2017.

CLEMENT, J., y MILES, M., *Screen Schooled: Two Veteran Teachers Expose How Technology Overuse Is Making Our Kids Dumber,* Victoria, Black Inc., 2018.

DAVIS, P., *Compromiso: Una contracultura en la época de la navegación infinita*, Madrid, Rialp, 2023.

EECKHOUT, J., *La paradoja del beneficio: Cómo las empresas exitosas amenazan la economía,* Barcelona, Taurus, 2022.

GERSTLE, G., *Auge y caída del orden neoliberal: La historia del mundo en la era del libre mercado*, Barcelona, Península, 2023.

GLIBIN, R. y C. DOCTOROW, *Chokepoint Capitalism: How Big Tech and Big Content Captured Creative Labor Markets and How We'll Win Them Back,* Boston, Beacon Press, 2022.

HAIDT, J., *La mente de los justos: Por qué la política y la religión dividen a la gente sensata,* Barcelona, Deusto, 2019.

HARI, J., *El valor de la atención: Por qué nos la robaron y cómo recuperarla,* Barcelona, Península, 2023.

HAUGEN, F., *La verdad sobre Facebook*, Barcelona, Deusto, 2023.

KAHNEMAN, D., *Pensar rápido, pensar despacio,* Barcelona, DeBolsillo, 2013.

INFANTE, E., *Aquiles en TikTok,* Barcelona, Ariel, 2023.

LANIER, J., *Diez razones para borrar tus redes sociales de inmediato,* Barcelona, Debate, 2018.

LEVITSKY S., y ZIBLATT, D., *Cómo mueren las democracias,* Barcelona, Ariel, 2018.

NAIM, M., *La revancha de los poderosos*, Barcelona, Debate, 2022.

NEWPORT, C., *Céntrate (Deep Work): Las cuatro reglas para el éxito en la era de la distracción,* Barcelona, Península, 2017.

—, *Minimalismo digital: En defensa de la atención en un mundo ruidoso,* Barcelona, Paidós, 2021.

ODELL, J., *Cómo no hacer nada: Resistirse a la economía de la atención,* Barcelona, Ariel, 2021.

PASQUALE, F., *The Black Box Society,* Harvard, Harvard University Press, 2015.

PEIRANO, M., *El enemigo conoce el sistema*, Barcelona, Debate, 2019.

ROT, M., *Infoxicación: Identidad, afectos y memoria; o sobre la mutación tecnocultural,* Barcelona, Paidós, 2023.

SEQUERA, J., *La ciudad de las plataformas: Transformación digital y reorganización social en el capitalismo urbano,* Barcelona, Icaria, 2024.

SUSSKIND, D., *A World without Work: Technology, Automation and How We Should Respond*, Londres, Penguin, 2020.

THOMPSON, M., *Sin palabras: ¿Qué ha pasado con el lenguaje de la política?*, Barcelona, Debate, 2017.

VELIZ, C., *Privacidad es poder: Datos, vigilancia y libertad en la era digital,* Barcelona, Debate, 2021.

WEBB, A., *Los nueve gigantes: Cómo las grandes tecnológicas amenazan el futuro de la humanidad,* Barcelona, Península, 2021.

ZUBOFF, S., *La era del capitalismo de vigilancia: La lucha por un futuro humano frente a las nuevas esferas del poder*, Barcelona, Paidós, 2020.

ÍNDICE

HA LLEGADO LA HORA DE DECIR BASTA... SI ES QUE AÚN PODEMOS

EL PRIMER PECADO LA VIOLACIÓN MASIVA DE NUESTRA PRIVACIDAD

ROBERTO MONTOYA

TRUMP 2.0

A FONDO

akal

MAKE AMERICA GREAT AGAIN

ISBN: 978-84-460-5654-6
336 páginas

A través del recorrido por la trayectoria personal y política del 45.° y 47.° presidente estadounidense, así como por las dinámicas internas y externas del «país de las oportunidades», de sus *lobbies* y *establishment* en los últimos años, el presente libro nos invita a despejar incertidumbres. En sus páginas se explora el devenir de la potencia mundial en declive bajo la segunda presidencia del magnate republicano, desgranando, tal como resume Olga Rodríguez en el prólogo, «las claves de lo que representa el presidente estadounidense Donald Trump, así como las causas y el contexto que han conducido a su nuevo mandato».

ISBN: 978-84-460-5616-4
216 páginas

Oligarcas. Los dueños de España nace con el espíritu de poner cara y ojos a los grandes capitalistas, que no se presentan a las elecciones, pero tienen más poder que el presidente de Gobierno de turno. Loaiza investiga con precisión la connivencia entre política y oligarcas.

ISBN: 978-84-460-5527-3
160 páginas

La irrupción de la ultraderecha en el panorama político occidental tiene un poco desconcertado al conjunto de la ciudadanía democrática. No se trata del fascismo ni del nacionalsocialismo de toda la vida, ni siquiera del franquismo. Su discurso es anti-Estado y defiende la privatización de todas las empresas públicas que garantizan de manera equitativa la seguridad del conjunto de la ciudadanía.

Esta «nueva» ultraderecha se encuentra, pues, en el cruce de un capitalismo rabioso y una deshumanización de las relaciones sociales que permitiría la expansión sin cortapisas de sus teorías.

STEFANIA MAURIZI

EL PODER SECRETO

POR QUÉ QUIEREN DESTRUIR
A **JULIAN ASSANGE**
Y **WIKILEAKS**

A FONDO

PRÓLOGO DE
KEN LOACH

akal

ISBN: 978-84-460-5502-0
408 páginas

En 2008, la periodista Stefania Maurizi comenzó a investigar a una organización aún no muy conocida llamada WikiLeaks. Desde entonces, y en estrecho contacto con Assange, no ha dejado de trabajar para poner al descubierto a ese poder que, oculto tras gruesas capas de secretismo, persigue sin piedad a quienes se empeñan en contar la verdad de las cosas.

ALEJANDRO PÉREZ POLO

TÚ NO ERES ESPECIAL

Mascotas, *selfies* y psicólogos

A FONDO

akal

ISBN: 978-84-460-5450-4
160 páginas

Este ensayo persigue dar una respuesta a las tendencias actuales del aislamiento digital, la soledad y la ruptura de los lazos colectivos. Para ello, propone que existe un triángulo de dominación contemporánea: el triángulo del individualismo. Tres vértices sobre los que presiona el sistema para que emerja un egocentrismo total: el *selfie* (la soberanía del Yo en un mundo color pastel de Instagram), la tiranía de la positividad (dictadura de las sonrisas) y el tiempo (su aceleración y disolución). Ante este triángulo, se opone el círculo de la comunidad: el círculo propuesto como figura geométrica perfecta, de los iguales y libres.